KÜRBIS

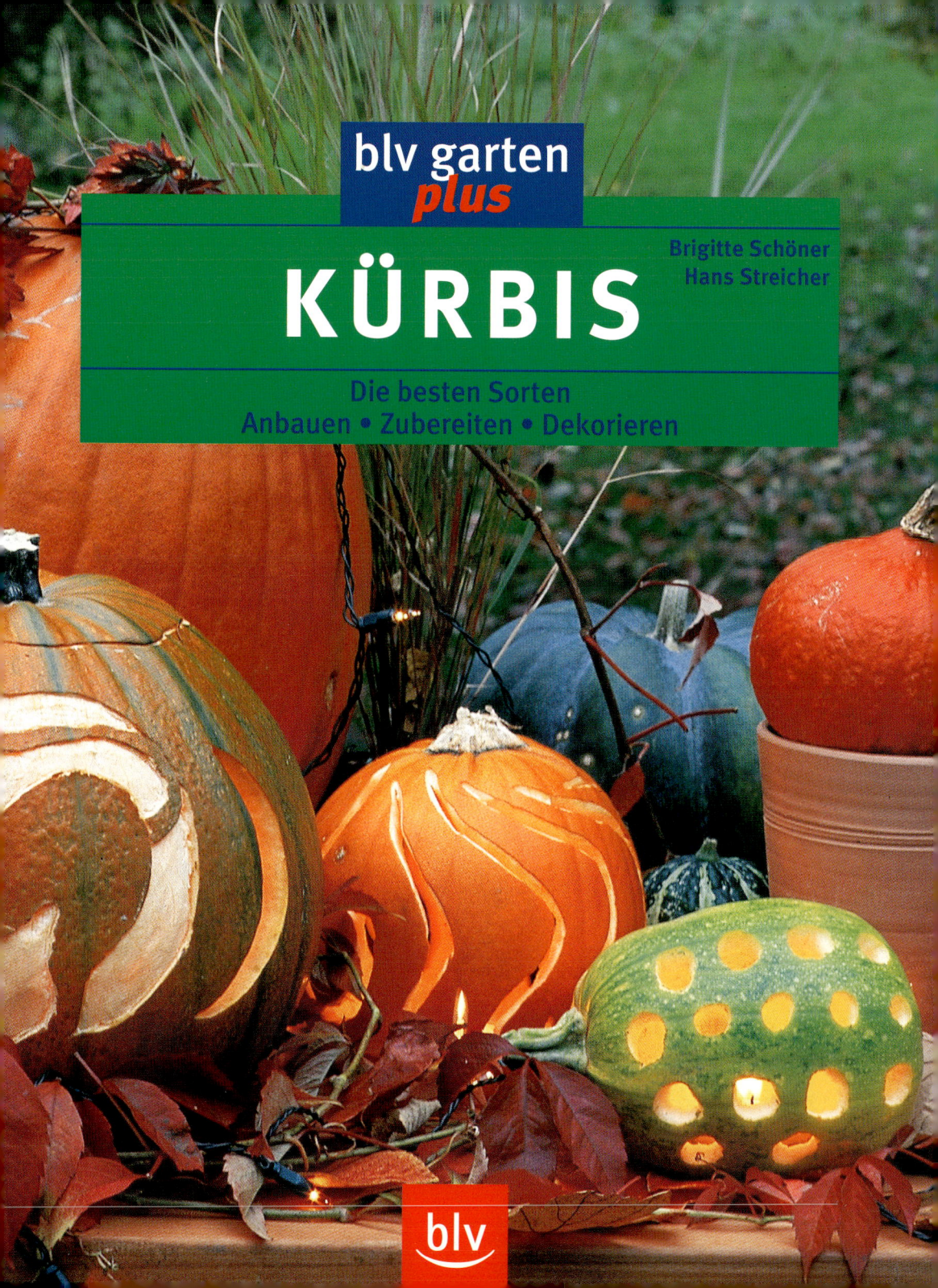

blv garten plus

Brigitte Schöner
Hans Streicher

KÜRBIS

Die besten Sorten
Anbauen • Zubereiten • Dekorieren

blv

Inhalt

Der Kürbis erobert Garten, Küche und Wohnzimmer

Endlich gewinnt der Kürbis auch bei uns immer mehr Freunde. Im Gemüsesortiment sind die ersten Kürbisfrüchte bereits in den Sommermonaten zu finden, und im Herbst, der Kürbis-Hauptsaison, wächst das Angebot von Jahr zu Jahr.

Die Renaissance eines alten Gemüses

Gelegentlich wird im Zusammenhang mit diesem Kürbisboom von einer Wiederentdeckung oder sogar Renaissance eines alten Gemüses gesprochen. Doch dies ist nicht ganz zutreffend. Bisher wurde der Kürbis hierzulande sehr stiefmütterlich behandelt: im Garten bestenfalls in einer Ecke geduldet oder als Schattenspender auf den Kompostplatz verbannt. In Deutschland war bis vor wenigen Jahren neben einigen Zierkürbissen fast ausnahmslos nur eine einzige Kürbissorte zu finden, der bekannte 'Deutsche Gelbe Zentner'. Die Sorte liefert zwar große Früchte, diese sind jedoch wegen ihres faden Geschmacks als Gemüse nicht sonderlich geschätzt.

◄ Die Sortenvielfalt bei Kürbissen ist riesig, ganz besonders bei den Speisekürbissen, die endlich auch bei uns immer mehr Freunde gewinnen.

Kürbisse haben ihre Heimat in tropischen und subtropischen Gebieten. Ein Anbau dieser wärmeliebenden Pflanzen ist deshalb in unseren Breiten aus klimatischen Gründen nur begrenzt möglich. Viele Sorten, die qualitativ hochwertigere Früchte liefern, gedeihen nicht mehr zufriedenstellend, und bei wärmebedürftigen Sorten unterbleibt oft ein Fruchtansatz bzw. reifen die nur spärlich angesetzten Früchte im kurzen und oft nasskalten Sommer nicht oder nur ungenügend aus. Um Freude und Erfolg mit den selbst angebauten Kürbissen zu haben, ist deshalb die Verwendung geeigneter robuster und früh reifender Sorten eine wichtige Voraussetzung.
Erfreulicherweise wächst seit einigen Jahren im Saatguthandel das Angebot an Sorten, die sich auch zum Anbau in unserem Klima eignen. Damit können wir endlich auf gute Speisekürbis-Sorten zugreifen, die in anderen Ländern zum Teil bereits seit

Neben den Zierkürbissen werden auch die kleinen Speisekürbisse häufig für Dekorationen verwendet.

Jahrhunderten angebaut und gezüchtet werden.
Der Kürbis gilt als die älteste Nutz- und Kulturpflanze der Menschheit und in südlichen und wärmeren Gebieten ist der Kürbis heute wie gestern ein wichtiges Nahrungsmittel. Alleine in den Mittelmeerländern Spanien, Frankreich und Italien werden jährlich etwa eine Million Tonnen Speisekürbisse geerntet und vermarktet – Zucchini mit eingerechnet. Ähnliche Mengen wandern in Japan in die Küchen.

Die wärmeliebenden und weiß blühenden Kalebassen ranken gerne an Gerüsten und liefern interessante Früchte.

dieser Zeit kannten bereits den Kürbis. Allerdings handelt es sich dabei um den in Afrika beheimateten Flaschenkürbis *(Lagenaria siceraria)*, der auch als **Kalebasse** bekannt ist. Die jungen, noch nicht holzigen Früchte sind zwar als Gemüse verwendbar, ihren Hauptnutzen erbringen Flaschenkürbisse jedoch nach vollständiger Ausreife und Verholzung der Schale. Seit biblischen Zeiten und auch heute noch finden Kalebassen in zahlreichen ärmeren Ländern vielfältige Verwendung: Sie werden zu Schwimmbojen an Fischernetzen, zu Vorratsbehältern für Nahrungsmittel, zu Schüsseln, Tellern und Löffeln,

In vielen ärmeren Ländern liefert der Flaschenkürbis praktische Behälter für vielerlei Zwecke.

Durch Ausgrabungsfunde von Kernen und Schalenresten in Mexiko und Südamerika ist belegt, dass der Mensch bereits vor über 12.000 Jahren Kürbispflanzen kultivierte. Von keiner anderen Nutzpflanze sind Funde bekannt, die so weit zurück liegen.

Absoluter Spitzenreiter bezüglich Anbau und Verbrauch von Kürbis ist jedoch Indien, dicht gefolgt von China.

Altbekannter Flaschenkürbis

Auch Ägypter, Griechen, Römer und viele asiatische Völker

Kunstvoll beschnitzt, sind Kalebassen in der »reichen Welt« gern gesammelte Dekorationsobjekte.

zu Werkzeugen aller Art, zu Musikinstrumenten und vielem mehr weiterverarbeitet. Auch als reich beschnitzte und verzierte Kunstwerke sind Kalebassen hoch geschätzt.

Von seinem Ursprungsgebiet Afrika aus hat sich der Flaschenkürbis schon vor Jahrtausenden vermutlich auf ganz natürliche Weise weltweit verbreitet. Die Früchte überquerten – ähnlich wie Kokosnüsse – schwimmend die Ozeane und erreichten auf diese Weise lange vor Kolumbus Amerika.

Kolumbus und die Speisekürbisse

Im Dezember 1492 sah Kolumbus auf Kuba Früchte, die den bisher in Afrika, Asien und Europa bekannten Flaschenkürbissen sehr ähnlich sahen. Dabei handelte es sich um Kürbis-Arten, die bis dahin nur auf dem amerikanischen Kontinent vorkamen. Man nannte sie wie den in Europa bekannten Flaschenkürbis: »Cucurbita«. Diese Namensgebung führte zu einer bis in heutige Tage andauernden Sprachverwirrung und brachte manche Verwechslung mit sich. Aus dem damals für den Flaschenkürbis gebräuchlichen lateinischen Wort »Cucurbita« wurde im Alt-

hochdeutschen unter Weglassung der ersten Silbe das Wort »Kurbitz«. Daraus entstand das Wort »Kürbis«.

Der Weg in die Küchen des Mittelalters

Die Kürbisse und ihre Samen wurden – wie andere Mitbringsel aus der Neuen Welt auch – schnell ein begehrtes Gut. Der Anbau gelang im warmen Klima der Mittelmeerländer problemlos und so wurde der Kürbis, ganz im Gegensatz zu anderen aus Amerika mitgebrachten Pflanzen, zum Beispiel Tomate und Kartoffel, von Beginn an als eine willkommene Ergänzung der damals oft einseitigen täglichen Nahrung verwendet.

Die Seefahrer der damaligen Zeit haben – ganz unbeabsichtigt – zu der raschen und weltweiten Verbreitung des Kürbis beigetragen, denn er war auf den langen Seereisen als eine haltbare und praktische Ergänzung des Bordproviants sehr geschätzt. Auf diese Weise gelangten Früchte und Samen in ferne Länder und überall dort, wo die Pflanzen im Sommer die not-

In früheren Zeiten waren Kürbisse besonders wegen ihrer inhaltsreichen und nahrhaften Kerne begehrt.

Bevor die Drehscheibe erfunden wurde, dienten Kalebassen und Kürbisse als Modeln bei der Herstellung von Tongefäßen. Die mit frischem Ton ummantelten Früchte verbrannten beim Erhitzen im Feuer und das fertig gebrannte Gefäß konnte entnommen werden.

wendige Wärme und Feuchtigkeit für Wachstum und Reife der Früchte fanden, etablierte sich der Kürbis relativ rasch.

Auch in den nördlicheren und kühleren Ländern blieb der Kürbis kein Unbekannter, doch der Anbau dieser wärmebedürftigen Pflanze war hier weniger erfolgreich. Für die Verbreitung im Norden waren vermutlich holländische Handelsfirmen verantwortlich, was Ausgrabungen in der Amsterdamer Altstadt belegen, bei denen in Ablagerungen aus dem 17. Jahrhundert Kerne des Gartenkürbis gefunden wurden. Sie überdauerten dort zusammen mit anderen Überresten von Nahrungsmitteln die Jahrhunderte. Auch aus Orten in Ostdeutschland sind Funde bekannt, die dieser Zeit zugeordnet werden.

Vor allem aber über Venedig, der damals führenden Handels-

macht mit Niederlassungen im gesamten Mittelmeerraum sowie Handelsverbindungen nach Afrika und Asien, gelangte der Kürbis in die ganze Welt. Im Handel mit Österreich und Ungarn bezahlte die Stadt zum Beispiel Schlachtvieh und andere Waren unter anderem mit Kürbissen. Seit dieser Zeit hat der Kürbisanbau in Ungarn und besonders in der Steiermark Tradition: Bereits 1568 wurde der Kürbis auf einem Speiseplan einer Grazer Stiftschule erwähnt. Aufzeichnungen aus dem 17. und 18. Jahrhundert berichten von einem umfangreicheren Kürbis-Anbau in Österreich, der bald neben Lein, Raps und Mohn fester Bestandteil der Landwirtschaft wurde, wie eine Schrift aus dem Jahre 1773 mit dem Titel »Anbau und nützlicher Gebrauch der Kürbisse« belegt. Allerdings ist der Weg des Kürbis zu uns und in andere Länder nicht immer exakt belegt. Manches lässt sich heute nur noch vermuten, da im Mittelalter und bis ins 16. Jahrhundert hinein die aus Amerika stammenden Kürbisse sehr häufig mit dem Flaschenkürbis sowie mit Melonen und Gurken verwechselt wurden. Das macht Nachforschungen in alten Aufzeichnungen sehr schwierig aber nicht weniger interessant.

Indianische Trilogie: Bohnen, Mais und Kürbis

Ein zweiter und etwas erfolgreicher Versuch, Kürbisse in Mittel- und Nordeuropa anzubauen, erfolgte vor etwa 100 bis 200 Jahren. Hier die Vorgeschichte: Im November 1692 landete das Schiff »Mayflower« an der Küste Nordamerikas mit den ersten englischen Kolonisten an Bord. Während etwa die Hälfte der 102 Pilgerväter im ersten Winter verhungerte, überlebten die anderen nur deshalb, weil ihnen Indianer Nahrungsmittel brachten, darunter Bohnen, Mais und Kürbis.

Die Siedler steckten im Frühjahr einige Samen in den Boden, die gut gedeihenden Früchte wurden bald zu einer weiteren lebens-

Am »Thanksgiving Day« gehört der »Pumpkin Pie« zum traditionellen Festtagsmenü.

Der robuste Deutsche Gelbe Zentner entwickelt lange Triebe mit großen Blättern und meist zentnerschweren Früchten auch im kühleren Klima.

wichtigen Nahrungsquelle. Aus Freude und Dankbarkeit feierten Siedler und benachbarte Indianer im Herbst deshalb drei Tage lang zusammen ein friedliches Fest. In Erinnerung daran feiern die Amerikaner am letzten Donnerstag im November ihren **»Thanksgiving Day«,** zu dessen traditionellem Festtagsmenü der als **»Pumpkin Pie«** bekannte Kürbiskuchen gehört.

Wie wir aus der Geschichte Nordamerikas wissen, war dieses gedeihliche Miteinander von Siedlern und Indianern leider bald beendet, denn nachfolgende Einwanderer aus ganz Europa verdrängten die Ureinwohner mit Gewalt. Doch der von den Indianern gepflegte Kürbis-Anbau wurde übernommen und weitergeführt, teilweise in der altbewährten Mischkultur mit Bohnen und Mais. Und noch heute besitzt eine Bucht an der Küste Nordamerikas den treffenden Namen »Pumpkin Bay« – die Siedler hatten sie so genannt wegen der vielen Kürbisse, die sie dort vorfanden.

Mit der Post an die in Europa Zurückgebliebenen erreichten auch bald Kürbiskerne die alte Heimat und mit ihnen Saatgut robusterer Pflanzen. Mit Hilfe dieser Samen aus den raueren Klimagebieten Nordamerikas gelang nun auch im ähnlich kühlen Deutschland ein etwas erfolgreicherer Kürbisanbau.

Robuster Deutscher Gelber Zentner

Im Laufe der Zeit entwickelte sich eine ganz speziell in Deutschland gezüchtete und angebaute Sorte, der bekannte 'Deutsche Gelbe Zentner'. Er gedeiht dank seiner Robustheit in unserem Klima gut, doch die Qualität der Früchte ist nicht sehr hochwertig. Sie können eine beachtliche Größe erreichen – leider ist das Fruchtfleisch wässrig und nicht lange haltbar. Deshalb landete dieser Kürbis bevorzugt im Viehtrog und nur in Notzeiten als Lückenfüller auch in der Küche.

Eine Grundlage für eine dauerhafte Freundschaft resultierte daraus nur in den allerwenigsten Fällen.

Neue Züchtungen aus aller Welt

Erst mit dem Beginn besserer wirtschaftlicher Verhältnisse wurde die Zeit reif für eine grundlegend neue Kürbis-Epoche. In Italien und anderen südlichen Ländern machten deutsche Urlauber gute Bekanntschaft mit »Zucchini und Co.«. In Italien heißt Kürbis »Zucca« und kleine, jung geerntet Kürbisse heißen »Zucchini«.

Durch bei uns lebende Mitbürger verschiedenster Nationalitäten und deren Ernährungsgepflogen-

Gute Speisekürbisse sind unter den kleinfrüchtigeren Sorten, wie z. B. den Hokkaido-Sorten, zu finden.

heiten sowie durch Reisen in ferne Länder und Kontinente lernten wir Deutsche bisher unbekannte, dafür aber hervorragende Kürbisgerichte und Kürbissorten kennen. So trägt zum Beispiel eine inzwischen bei Kürbisfreunden gut bekannte Entdeckung den Namen ihrer Herkunft: der **Hokkaido-Kürbis.**

Der Hokkaido-Kürbis ist ein in Japan gezüchteter und dort bevorzugter Kürbistyp mit den allerbesten Qualitätskriterien: orange-rot, optimale Größe, haltbar und viel festes, hervorragendes und vielseitig verwendbares Fruchtfleisch.

Die drei wichtigsten Speisekürbis-Arten

Wer die inzwischen bei uns angebotene bescheidene Vielfalt der verschiedenen Kürbisfrüchte in der Küche testet, wird schnell Unterschiede feststellen können. Auch beim Anbau im Garten verhalten sich die Pflanzen der verschiedenen Sorten in ihrem Wachstum unterschiedlich. Wer die markantesten Eigenschaften kennt, kann einige **Sortentypen** bzw. die verschiedenen Speisekürbis-Arten leicht und zuverlässig an **Blatt** und **Spross,** aber auch an den **Früchten** und ihren **Samen** erkennen und unterscheiden.

Bewährte Speisekürbis-Arten sind der
• Gartenkürbis *(Cucurbita pepo),*
• der Moschuskürbis *(Cucurbita moschata)*
• und der Riesenkürbis *(Cucurbita maxima).*
Diese drei Arten sind in verschiedenen Klimagebieten Amerikas beheimatet, woraus vor allem unterschiedliche Wachstums- und Wärmeansprüche sowie andere Eigenschaften resultieren. Die Unterscheidung der Arten ist für den Anbau der Pflanzen und die Verwendung der Früchte zweckmäßig. Leider wird dies von einzelnen Saatgutvertreibern

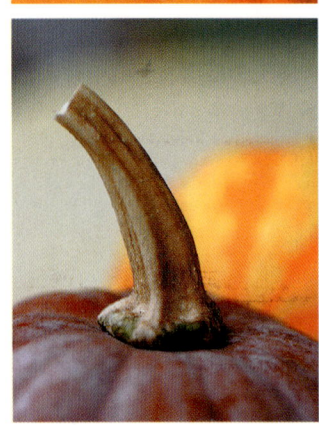

Die wichtigsten Speisekürbis-Arten: oben der Riesenkürbis, darunter der Garten- und unten der Moschuskürbis.

Riesenkürbis mit herzförmigem Blatt, Gartenkkürbis mit geschlitztem und Moschuskürbis mit gefleckten Blatt.

nicht immer berücksichtigt. Auf den Samentüten fehlt in der Regel der Hinweis, welcher Kürbis-Art die Pflanzen angehören, die sich aus dem Samen entwickeln. Kataloge, in denen die Kürbisse nur nach Farbe oder Größe eingeteilt werden, sind wenig hilfreich.

Robust: der Gartenkürbis
(Cucurbita pepo)

Herkunft: Die Heimat dieser Kürbis-Art sind die höher liegenden Gebiete Mexikos und das angrenzende Nordamerika. Der Gartenkürbis hat sich aus dem in Texas wild vorkommenden *Cucurbita texana* entwickelt.
Anbau: Die Pflanzen sind weniger wärmebedürftig als die der beiden anderen Arten und eignen sich deshalb gut zum Anbau in klimatisch weniger günstigen

Lagen. Vor allem die zu dieser Art gehörenden **Zucchini** werden heute weltweit in den gemäßigten Gebieten und sogar in Skandinavien kultiviert.
Gestalt: Die Pflanzen entwickeln weniger Blattmasse und ranken meist weniger stark oder bleiben buschig. Die Blätter sind deutlich 3- oder 5-teilig gelappt oder eingeschnitten. Die Blattlappen sind mehr oder weniger spitz zulaufend. Blätter und Triebe haben eine kratzende oder leicht stechende Behaarung.
Früchte: Die Früchte dieser Art besitzen einen dünnen Stiel, der ebenso wie der Spross deutliche

Längskanten aufweist. Neben den Zucchini zählen auch Spaghetti-, Halloween- und Zierkürbisse zu dieser Art.
Sorten: ab Seite 18.

Wärmeliebend: der Moschuskürbis
(Cucurbita moschata)

Herkunft: Im Gegensatz zum Gartenkürbis ist der in den tiefer liegenden Gebieten Mexikos beheimatete Moschuskürbis sehr wärmebedürftig.
Anbau: Die Pflanzen dieser Art werden deshalb bevorzugt in südlichen Ländern oder in Lagen

Die bunten Früchte des Gartenkürbis werden häufig nur für Dekorationen verwendet. Frisch geerntet schmecken sie, roh gegessen, wie Hasselnüsse.

mit Weinbauklima angebaut. Die Urform konnte nicht zweifelsfrei ermittelt werden. Es soll aber eine enge Verwandtschaft mit *Cucurbita argyrosperma* (*C. mixta*) und *Cucurbita soraria* bestehen.

Aussehen: Die mehr oder weniger abgerundeten Blätter haben meist in den Achseln der Blattadern kleine weiße bis silbrige Flecken. Blätter und kantige Triebe besitzen eine weiche filzige Behaarung. Die im warmen Klima sehr starkwüchsigen

Moschuskürbisse – hier die Sorte Butternut – liefern Früchte, die ausgereift cremefarben oder bräunlich sind.

Pflanzen entwickeln meterlange Triebe.

Früchte: Die Früchte haben ebenfalls wie die Gartenkürbisse einen kantigen Stiel. Dieser beginnt an der Frucht mit einem deutlich verbreiteten Ansatz. Nicht vollständig ausgereifte Früchte sind grün, ausgereifte Früchte einheitlich cremefarben bis bräunlich und mit einer Wachsschicht überzogen. Zum Anbau hier bei uns eignen sich nur einige wenige bewährte Sorten.

Sorten: siehe ab Seite 28.

Haltbar: der Riesenkürbis
(Cucurbita maxima)

Herkunft: Die Heimat dieser Art liegt im Gegensatz zu den beiden vorher genannten Arten in Südamerika und umfasst ziemlich exakt das Gebiet des heutigen Staates Peru. Als Vorfahre des Riesenkürbis wird *Cucurbita andreani* angesehen, der heute noch in Argentinien, Uruguay und Bolivien vorkommt.

Anbau: Die Pflanzen sind anspruchsvoller und wärmebedürftiger als die des Gartenkürbis. Wie schon aus der Namensgebung ersichtlich, sind innerhalb dieser Art viele Sorten zu finden, die Riesenfrüchte entwickeln.

Aussehen: Die Auswahl an kleinfrüchtigen Sorten ist wesentlich

größer als vermutet. Sprosswachstum und Fruchtgröße stehen meistens in einem engen Bezug zueinander. Je größer die Früchte umso kräftiger die Entwicklung der Blatt- und Sprossmasse. Blätter und Triebe sind im Gegensatz zum Gartenkürbis samtig weich und ohne stechende Behaarung. Die Blätter sind abgerundet und nicht gebuchtet oder eingeschnitten.

Früchte: Sie sind an ihrem runden und meist sehr dicken Stiel erkennbar. Äußerlich am Stiel ist eine netzartige und weiche, korkartige Struktur sichtbar.

Sorten: siehe ab Seite 31.

Weitere verwandte und bekannte Arten

Eine weitere, neben den drei genannten Speisekürbissen sehr bekannte Art ist der **Feigenblattkürbis** (*Cucurbita ficifolia*). Die Blätter gleichen denen des Feigenbaumes. Die Pflanze zeichnet sich durch ein außerordentlich starkes Trieb- und robustes Wurzelwachstum aus. Es ist die kälteverträglichste Kürbisart. Gärtner verwenden die Keimlinge und veredeln darauf **Gewächshausgurken.** Damit kann einem Krankheitsbefall der empfindlichen Salatgurken vorgebeugt werden. Der Feigen-

Bei den Riesenkürbissen ist die Farben- und Formenvielfalt riesengroß und sie liefern lange lagerbares Gemüse.

Schwierig: die Systematik

Zur Pflanzengattung *Cucurbita* zählen neben den genannten fünf Kürbisarten noch weitere 10 Arten, die aber als Nahrungspflanzen nicht nutzbar sind. Die Systematik ist nicht bei allen zweifelsfrei geklärt.

Die Gattung *Cucurbita* bildet zusammen mit 118 Pflanzengattungen die große Pflanzenfamilie der Kürbisgewächse oder Cucurbitaceae. Dazu gehören z. B. die **Gurke** *(Cucumis sativus)*, **Süße Melone** *(Cucumis melo)*, **Wassermelone** *(Citrullus lanatus)*, der schon erwähnte **Flaschenkürbis** *(Lagenaria siceraria)*, **Schwammgurke** *(Luffa aegyptiaca)* und die heimische und giftige **Zaunrübe** *(Bryonia alba* und *Bryonia dioica)*.

blattkürbis ist sehr reichtragend und kann ein Dutzend und mehr Früchte liefern. Die rundovalen, etwa 2–4 kg schweren, weißgrün gefleckten Früchte mit ihrem schneeweißen Fleisch sind zwar essbar, werden aber vorwiegend wegen ihrer außerordentlich langen Haltbarkeit für Dekorationen und auch zum Basteln und Schnitzen verwendet.

Als fünfte Art, die jedoch nur von untergeordneter Bedeutung ist, soll abschließend die Ayote oder *Cucurbita argyrosperma* *(C. mixta)* nur noch namentlich erwähnt werden.

auf einen blick

Kürbis
- gilt als die älteste Kulturpflanze dieser Erde,
- ist nach der Entdeckung Amerikas rasch in alle Kontinente gelangt,
- wird in Größe, Farben- und Formenreichtum seiner Früchte von keiner anderen Pflanze übertroffen.

Erstaunliche Sortenvielfalt

Kürbisse bereichern jeden Garten und so manchen Balkon mit ihren dekorativen Blättern, ihren unvergleichlichen Früchten und einer Sortenauswahl, die keine Wünsche offen lässt.

Von der bitteren Wildfrucht zur Riesenbeere

Die auf dem amerikanischen Kontinent **wild vorkommenden Kürbispflanzen** dienten schon sehr früh und lange Zeit vor Mais und Bohnen den dort lebenden Menschen zur Ergänzung ihrer täglichen Nahrung.

Die Ureinwohner Amerikas sammelten die nur etwa 4–5 cm großen birnenförmigen und hartschaligen grün-gelb gestreiften Früchte ausschließlich wegen der darin enthaltenen nahrhaften Samen. Das bittere Fruchtfleisch war nicht verwertbar.
Bei den wegen ihrer **nahrhaften Samen** gesammelten Früchten dürften bereits die nomadisch lebenden Ureinwohner Amerikas **geschmackliche Unterschiede** festgestellt haben. Auch bei heute noch vorkommenden

bitterstoffhaltigen **Wildformen** finden sich gelegentlich einzelne Pflanzen mit Früchten, die frei von **Bitterstoffen** sind. Diese sind essbar.
Durch eine **gezielte Weitervermehrung** dieser Pflanzen hatten sich die Menschen damals eine neue und zusätzliche Nahrungsquelle erschlossen. Als die Samen dieser Früchte im nächsten Frühjahr in den Boden gesteckt wurden, nahm die Züchtung bitterstofffreier Sorten durch **Auslese** ihren Anfang. Anhand der bei Ausgrabungen in Mexiko ge-

fundenen über zehntausend Jahre alten Fruchtschalen ließ sich nachweisen, dass es sich dabei nicht nur um Wildformen, sondern auch bereits um **Kulturformen** handelte. In der Folgezeit dürften die Pflanzen verstärkt nach ihrer Fruchtgröße ausgelesen worden sein.
Viele der heute bekannten Sorten entstanden bereits lange bevor Kolumbus die ersten Früchte sah. Der **Gartenkürbis** wurde bereits vor Jahrtausenden weit über sein ursprüngliches Heimatgebiet Mexiko hinaus, besonders von den Indianern Nordamerikas, bis hinauf in das Gebiet des heutigen Canada angebaut.
Auch der aus Südamerika stammende **Riesenkürbis** war in

Durch jahrtausendelange Züchtung gelang es, aus kleinen holzigen und bitteren Wildfrüchten ein vielfältig verwendbares, edles Gemüse zu zaubern.

◀ Ein in Japan gezüchteter Maroni-Kürbis: äußerlich unscheinbar grün, aber im Inneren viel festes, kräftig gelbes Fleisch.

Mittelamerika zu finden. Umgekehrt wurde der in Mexiko beheimatete **Moschuskürbis** bereits vor etwa 3.000 Jahren von den Indios in Peru angebaut und genutzt.

Innerhalb der letzten 300 Jahre wurden besonders vom Gartenkürbis in allen Teilen der Welt unzählige **neue Sorten** gezüchtet, etwa 800 verschiedene Sorten werden inzwischen genannt. Allerdings tragen nicht wenige je nach Sprachgebrauch verschiedene oder gar mehrere Namen. Eine exakte Übersicht ist deshalb schwierig.

Die in den letzten Jahrzehnten zunehmende **F_1-Hybridzüchtung** trägt zu einer weiter wachsenden Sortenzahl bei. Allerdings können einige Neuzüchtungen nicht immer das halten, was erwartet oder versprochen wird. Ein sehr wesentlicher Grund für Hybridzüchtungen besteht darin, um für Erwerbsanbau und Vermarktung Pflanzen und Früchte mit möglichst **einheitlichen Eigenschaften** zu erhalten. Zu erwarten ist, dass damit viele alte samenfeste Sorten verschwinden. Diese haben im Gegensatz zu F_1-Hybriden den Vorteil, dass von den geernteten Früchten Samen für den nächstjährigen Anbau entnommen werden können.

Gartenkürbis – vom Garten frisch auf den Tisch

Die Gartenkürbisse weisen eine sehr große Formenfülle mit den gleichzeitig am stärksten variierenden Qualitätseigenschaften ihrer Früchte auf. Wie schon erwähnt, umfasst diese Art einige sehr verschiedene Sortengruppen bzw. Unterarten wie Zucchini und Rondini sowie Eichel-, Spaghetti-, Halloween-, Öl- und Zierkürbisse.

Dass Kürbis nicht gleich Kürbis ist, wird alleine bereits bei der Betrachtung der vielgestaltigen Früchte des Gartenkürbis schnell deutlich. Ein augenfälliges Merkmal ist die große Farbenvielfalt, wie wir sie besonders bei den Zierkürbissen kennen. Inzwischen werden immer mehr Sorten mit buschigem oder schwach rankendem Wachstum angeboten. Diese Sorten eignen sich gut zum Anbau im kleinen Garten und sogar in Gefäßen auf der Terrasse oder dem Balkon.

Die grüne Früchte liefernden Zucchinipflanzen – hier die kletternde Sorte Black Forest F1 – sind robust und auch bei kühlem Klima sehr ertragreich.

Ein Anbau gelbfrüchtiger Sorten ist zu empfehlen. Jung geerntet liefern sie ein ausgezeichnetes Gemüse, das auch farblich den Speiseplan bereichert.

Zucchini

(Cucurbita pepo convar. *giromontiina)*

Die Verkleinerungsform des Wortes »Zucca«, so wie der Kürbis in Italien genannt wird, heißt »Zucchini«, in der Schweiz auch »Zucchetti«. Die Einzahl lautet korrekt »Zucchino«. Ihre Farbe variiert je nach Sorte von gleichmäßig dunkel- bis hellgrün, manche mit heller Marmorierung oder Längsstreifen. Sorten mit weißen, cremfarbenen und gelben Früchten werden zunehmend bekannter und beliebter. Zucchini sind inzwischen ganzjährig erhältlich. Im jungen Zustand sind sie schmackhafter als ausgereift und auch für **Rohkost** gut verwendbar. Sie werden samt Schale und Kernhaus verwendet. Wird regelmäßig geerntet, bilden die Pflanzen bis zum Frostbeginn ständig reichlich neue **Früchte.** Unterbleibt die rechtzeitige Ernte, können einzelne Früchte 10 kg Gewicht und mehr mühelos erreichen. Dann verliert das Fruchtfleisch jedoch an Qualität und ein weiterer Ansatz junger Früchte bleibt aus. Im Sommerhalbjahr ist der Anbau auch im kleinen **Garten** problemlos möglich, denn die Pflanzen entwickeln einen gestauchten Spross und benötigen durch ihr buschiges Wachstum wenig Platz.

Sorten

Diamant F_1: Kann als moderne Zucchini-Standardsorte sowohl für den Erwerbs- wie auch den Hobbyanbau bezeichnet werden. Es ist der landläufig und überall bekannte Zucchini-Typ. Die Früchte sind glänzend grün, etwas marmoriert, von gerader länglicher Form, glatt und dünnschalig. Je kleiner die Frucht, desto schmackhafter. Im eigenen Garten kann die Frucht bereits geerntet werden, wenn sie an ihrer Spitze noch die Blüte trägt. Die Blüte wird gefüllt und samt Zucchini mit verspeist. Auch bei ausgewachsenen Früchten bleibt die Schale weich und unverholzt.

Alle im Sommerhalbjahr jung geernteten Kürbisse wie Zucchini, Squash oder Patisson werden gelegentlich als Sommerkürbisse bezeichnet, im Gegensatz zu den ausgereift geernteten und haltbaren, im Winterhalbjahr verwendeten Winterkürbissen.

Die Sorte Yellow Crookneck bildet krumme und warzige Früchte, die aber rasch holzig werden.

Weitere Zucchin-Sorten mit grünen Früchten: Albarello di Sarzana, Black Beauty, Caserta, Costata Romanesco, Greysini F_1, Striato d'Italia.
Ranken bildende Sorte: Black Forest F_1.
Sorten mit weißen oder cremefarbenen Früchten: Bianca Goriziana, Bianco di Trieste, Long White Bush, Lungo Bianco.

Gold Rush F_1: Das Fruchtfleisch **gelbschaliger Zucchini** ist etwas fester und aromatischer als bei weiß- und grünschaligen. Mit zunehmender Reife wird die Schale aber oft holzig und hart. Durch die Entwicklung des Kerngehäuses werden die Früchte etwas bauchig. Rechtzeitiges und regelmäßiges Ernten liefert Gemüse bester Qualität. In Garten und Küche lohnt sich der Versuch, gelbschalige Sorten zu testen. Ausgereifte Früchte mit harter, holziger Schale sind lange haltbar und nur noch für Dekorationen verwendbar.
Weitere ähnliche Sorten: Goldfinger F_1, Goldbar F_1, Sunray F_1, Zephyr F_1.

Yellow Crookneck: Diese **gelbschalige Zucchini** fällt auf durch die gebogene und oft wie ein Spazierstock gekrümmte Form. Die Schale ausgereifter Früchte ist uneben, furchig und warzig. Jung geerntet ist das cremefarbene bis gelbliche Fruchtfleisch sehr aromatisch. Durch das etwas festere Fruchtfleisch liefert diese Sorte ausgesprochen knackige Früchte. Mit zunehmender Reife wird das Fruchtfleisch faseriger und die Schale hart und holzig. Ausgereifte Früchte sind haltbare und schöne Dekorationsobjekte.
Ähnliche Sorte: Early Summer Crookneck.

Rondini

Wie die Bezeichnung schon andeutet, liefern diese Pflanzen runde Früchte. Die Sorten wurden ursprünglich in Südafrika gezüchtet, ihre grünen, etwa tennisballgroßen Früchte sind nur sehr jung geerntet und gegart als Gemüse verwendbar. Mit zunehmender Reife werden die Früchte hartschalig und auch das Fruchtfleisch erhält einen unangenehmen Geschmack. Ausgereifte Früchte können kräftig gelb gefärbt sein und sind haltbare **Dekofrüchte,** die sich auch für Bastel- und Schnitzarbeiten gut eignen.
Sorten: Eight Ball F_1, Little Gem F_1, Goldapfel, Rolet, Tondo die Nizza (auch Ronde de Nice).

Auch die Tennisball großen grünen Rondini sind nur jung geerntet als Gemüse zu empfehlen.

Patisson

(Cucurbita pepo convar. *patissonina)*

Der Name ist französischen Ursprungs und lässt auf die Beliebtheit der Früchte in der französischen Küche schließen. Sie stammen ursprünglich aus Amerika und werden genauso wie Zucchini jung samt Schale und Kernhaus verwendet. Sie unterscheiden sich aber deutlich durch ihre auffällige und hübsche Fruchtform. Es sind flache, kreisrunde teller- oder diskusförmige Früchte. Der Rand kann mehr oder weniger gebuchtet oder gewellt sein und die Frucht dadurch an eine Blume oder Blüte erinnern. Ganz klein geerntete **Mini-Patisson** können als Mixed Pickles oder Cornichons eingelegt werden. Zu spät geerntete Patisson, deren Schale bereits zu verholzen beginnt, eignen sich noch zum Füllen und Backen im Ofenrohr. Ausgereifte Früchte sind dank ihrer holzigen Schale sehr lange haltbar und schöne **Dekorationsartikel.** Bei der Lagerung trocknen die Früchte oft vollständig ein. Durch ihre harte Schale behalten sie dabei ihre Form und Farbe.
In Amerika werden sie **Squash** genannt. Diese Bezeichnung ist

Die bunten Ufos oder Patisson sind sehr dekorativ und ausgereift lange haltbar. Als Gemüse sind sie weniger geeignet.

indianischen Ursprungs und bedeutet soviel wie »jung und roh essbar«. Je nach Gegend oder Land tragen die Früchte auch andere Bezeichnungen. In England und Frankreich heißen sie auch **Courgette,** und in Deutschland sind sie wegen ihrer Fruchtform unter dem Namen **Ufo** bekannt. Der Wuchs ist wie bei Zucchini buschig. Ein Anbauversuch im Garten ist zu empfehlen.

Sorten

Patisson blanc: Schale reinweiß und glatt, bei jungen Früchten dünn und weich. Ältere Früchte hartschalig. Fruchtfleisch fest, dick und aromatisch. Früchte als Gemüse ernten, wenn sie etwa zwischen 10 und 20 cm Durchmesser erreicht haben. Das Fruchtgewicht beträgt dann etwa 0,5–1 kg.

Weitere ähnliche Sorten: Custard White, Butter Scallop F_1, White Bush.

Patisson orange: Eigenschaften vergleichbar mit Patisson blanc. Die Früchte bleiben etwas kleiner. Bei regelmässiger Ernte kann die Pflanze bis zu 10 und mehr etwa 0,5 kg schwere Früchte liefern.
Weitere ähnliche Sorten: Sunburst F_1, Sunny Delight F1.

Scallopini F_1: Eine grünschalige Ufo-Variante. Wie bei den Zucchini sind die Sorten, die grüne Früchte liefern, im Wachstum etwas robuster und manchmal etwas ertragreicher. Die weißen und gelben Patisson liefern Früchte besserer Qualität.

Gelbe und weiße Patisson liefern jung geerntet ein hervorragendes Gemüse, ausgereift werden sie hart und holzig.

Patisson jaune panaché de vert:
Gelb bis cremefarbene Früchte mit grünen Streifen. Ausgesprochen dekorativ, aber zur Verwendung als Gemüse nicht zu empfehlen. Die Sorte entstammt einer Kreuzung eines weißen und eines gelben Patisson vor bereits 150 Jahren.

Weitere ähnliche Sorte:
Patisson verruqueux panaché

Eichelkürbisse oder Acorn-Squash

Etwas eigenartige Früchte, die auf den ersten Blick nicht sofort auf Kürbisse schließen lassen. Sie sind auch etwas mit überdimensionalen Erdbeeren vergleichbar. Die etwa 0,5–1 kg schweren, 10–20 cm langen gerippten Früchte sind vorne spitz zulaufend. Buschig wachsende Pflanzen liefern 3–5, rankende Pflanzen etwa 6–8 Früchte. Sie sind sehr **dekorativ** und wegen ihres **nussartigen Geschmackes** besonders in der amerikanischen Küche schon seit jeher sehr beliebt. Dort werden sie Acorn genannt. Ausgereifte Früchte sind lange haltbar und ein schöner Zimmer-

und Tischschmuck. Die Früchte können samt der anfangs noch sehr dünnen Schale roh verzehrt werden und schmecken dabei wie frische Haselnüsse. Leider verliert sich dieser köstliche Geschmack nach längerer Lagerung und durch das Kochen. Die Früchte haben aber eine sehr **praktische Portionsgröße.** Mit dem Messer halbieren, Kernhaus entfernen, mit Öl bestreichen oder, mit einer Füllung versehen, im Ofenrohr backen. Das gegarte Fruchtfleisch nach Belieben mit Salz und Pfeffer würzen, evtl. Sahne oder Butter dazu oder mit geriebenem Käse überbacken mit dem Löffel aus der Schale heraus verzehren. Eine einfache, schnelle und köstliche Mahlzeit.

Sorten
Table Queen: Die Tischkönigin – in Frankreich »Reine de la Table« genannt – ist eine **grünschalige Acorn-Sorte,** die aus North Dakota stammt, wo sie bereits von Indianern angebaut wurde. Das gelbliche Fruchtfleisch ist dick, fest und trocken. Die Pflanze bildet nur kurze Ranken und liefert 6–8 lang haltbare Früchte.
Weitere ähnliche Sorten:
Autumn Queen F_1, Early Acorn F1, Mesa Queen F_1, Table King, Winterhorn

Sehr dekorative Früchte der Eichelkürbisse, die sich auch zum Füllen gut eignen. Frisch geerntet schmecken sie, roh verzehrt, sehr nussig.

Bei der auf dem Boden liegenden Fruchtseite der grünfrüchtigen Sorten zeigt sich beim günstigen Reife- und Erntezeitpunkt ein orange-gelber Fleck.

Table Gold: Bisher einzige **orangefarbene Acorn-Sorte.** Die Pflanze wächst buschig und liefert 6–8 kleinere Früchte mit etwa 500 g. Für Rohkost sind nur sehr junge Früchte zu empfehlen. Ausgereift schmecken sie süß, ähnlich wie Mais. Die Früchte sind dekorativ und lange haltbar.

Swan White Acorn: Die anfangs fast **schneeweiße** und sehr dekorative Frucht wird bei längerer Lagerung cremefarben bis gelblich. Die Früchte können bis 1 kg erreichen. Die Pflanze bildet kurze Ranken und wächst halbbuschig.
Weitere ähnliche Sorte: Cream of the Crop F_1.

Heart of Gold F_1: Die **weiß-grün gefleckten** Früchte sind ein sehr dekoratives und gleichzeitig ausgezeichnetes Gemüse. Die Pflanze wächst mit kurzen Ranken halbbuschig und ist ertragreich.

Festival F_1: Diese Neuzüchtung ist farblich wie auch geschmacklich eine wertvolle Bereicherung. Die dreifarbigen gelb-orangen und weiß-grün gefleckten Früchte wirken außergewöhnlich apart. Das Fruchtfleisch ist von kräftiger gelb-oranger Farbe

und hat einen kräftig nussigen Geschmack. Die beste Verwendung ist, die Früchte wie Äpfel roh zu verspeisen. Durch den buschigen, rankenlosen Wuchs findet die Pflanze auch im kleinen Garten einen Platz.
Weitere ähnliche Sorten: Carnival F_1, Celebration F_1, Chamäleon F_1.

Mini-Gartenkürbisse

Die folgenden Sorten liefern etwa 100 g–1 kg schwere Früchte. Diese sind etwas weniger stark gerippt wie die Eichelkürbisse und vorne nicht zugespitzt, sondern flachrund oder auch kugelrund und glatt.
Sie schmecken roh verzehrt ebenfalls sehr nussig und eignen sich für verschiedene Zube-

reitungsarten wie Garen, Braten, Backen und Grillen oder zum Füllen so wie die Eichelkürbisse. Der Wuchs ist schwach bis mittelstark rankend. Die Pflanzen eignen sich auch zum Beranken von Zäunen und Klettergerüsten

Die kleinsten Kürbisse: weißer Baby Boo und oranger Jack Be Little – sehr dekorativ und schmackhaft!

Rundlicher Sweet Dumpling und länglicher Sweet Potatoes – mit den grünen Streifen sehr hübsche Früchte. Oft als essbare Zierkürbisse deklariert.

oder zum Anbau in Pflanzgefäßen auf der Terrasse oder dem Balkon. Es ist auch möglich, die Ranken in das Geäst von Sträuchern und Bäumen wachsen zu lassen. Ihre Blätter sind kleiner als die der Riesenkürbisse, und bei begrenzten Platzverhältnissen können die Ranken zwischen anderen weiträumig stehenden Kulturen wie Brokkoli oder Rosenkohl hindurch wachsen, ganz nach dem Vorbild indianischer Mischkultur. Großfrüchtige Sorten und vor allem die großblättrigen Riesenkürbisse eignen sich dazu weniger oder gar nicht. Je Pflanze können etwa 8–10, bei den sehr kleinfrüchtigen etwa 10–20 sehr haltbarer Früchte geerntet werden, die wegen ihres hübschen Aussehens fast ausnahmslos nur für Dekorationen verwendet werden. Häufig werden diese köstlichen Mini-Speisekürbisse als **essbare Zierkürbisse** deklariert.

Sorten

Baby Boo: Gilt mit den etwa 100–200 g schweren Früchten als einer der kleinsten Speisekürbisse. Die Früchte sind leicht gerippt, flachrund und weiß bis cremefarben. Das Fruchtfleisch ist von blasser Farbe.

Jack be Little: Schwach gerippte, flachrunde, orange und sehr **dekorative Früchte** mit etwa 150–300 g, die Mandarinen ähnlich sehen. Das orangefarbene Fruchtfleisch ist fest und knackig, schmeckt roh sehr gut und entfaltet gebacken oder gegart ein feines Maroni-Aroma. **Weitere ähnliche Sorten:** Mandarin, Sweetie Pie.

Puccini: Eine japanische Neuzüchtung. Sehr dekorative cremefarbene Früchte mit orangen Streifen und etwa 200–300 g. Die Pflanzen sind anspruchsvoll und nur im warmen Klima ertragreich. Auch die Haltbarkeit der Früchte leidet bei mangelnder sommerlicher Wärme.

Sweet Dumpling: Dieser aus Mexiko stammende süße Knödel hält, was er verspricht. Die etwa 300–600 g schweren, cremefarbenen Früchte sind grüngestreift und sehr hübsch. Das feste und knackige Fruchtfleisch ist süß und entwickelt ein intensives Maroni-Aroma. In Frankreich ist die Sorte unter dem Namen »Patidou« bekannt.

Sweet Potatoes: Die ersten Früchte dieser ertragreichen »Süßen Kartoffel« können bereits ab August geerntet und am besten roh verzehrt werden. Das Fruchtgewicht beträgt etwa 300–500 g. Die länglichen Früchte sind cremefarben und mit den grünen Längsstreifen sehr dekorativ. Die Sorte ist auch unter der Bezeichnung »Delicata« bekannt. **Weitere ähnliche Sorte:** Sugar Loaf.

Melonette, Melonenkürbis: Die französische Bezeichnung lautet

»Melonette Jaspée de Vendée«.
Wegen seiner gleichmäßig runden Form und gelblichen Farbe bei uns auch Melonenkürbis genannt. Sehr ertragreich. Fruchtgewicht etwa 1–2 kg. Die Früchte sind fast kugelrund und glatt, von gelber Farbe und durch ihr dickes Fruchtfleisch sehr ergiebig. Das Fruchtfleisch ist saftig, süß und etwas weniger hart als bei den anderen Gartenkürbissen. Es eignet sich ausgezeichnet für Rohkost und Obstsalat. Die Früchte werden allerdings nach der Ernte schnell weich und sollten deshalb nicht zu lange gelagert werden.

Der sehr ertragreiche Spaghettikürbis Small Wonder. Die grünen Früchte verfärben sich nur langsam ins Gelbliche und besitzen eine harte Schale.

Spaghettikürbisse

Mit 1–3 kg Gewicht zählen diese Früchte schon fast zu den Riesen innerhalb der Gartenkürbisse. Die Früchte sind je nach Sorte rundlich oder länglich und ausgereift sehr hartschalig. Die Farbe variiert zwischen Creme und Gelb bis Orange.
Das hellgelbe, faserige Fruchtfleisch verliert auch durch das Garen nicht seine faserige Struktur. Kleinere Früchte können in einem Topf mit Wasser gekocht werden. Vorher die Schale an einigen Stellen anstechen. Größere Früchte werden halbiert, das Kerngehäuse entfernt und

ebenfalls im Wasser gekocht oder im Backrohr gegart. Das faserige Fruchtfleisch lässt sich pikant gewürzt als vegetarisches Kürbis-Spaghettigericht servieren und eignet sich auch sehr gut als Beilage in Suppen. Entdeckt und seither züchterisch bearbeitet wurde der Spaghettikürbis bereits vor über 70 Jahren in China und Japan. Doch erst vor etwa 30 Jahren wurde er ein Renner, nachdem die erste Sorte in Amerika als »Vegetabel Spaghetti« auf den Markt kam. Neuere Züchtungen sind meist schwachwüchsiger als die stark rankende Ausgangssorte.

Sorten
Small Wonder: Kleiner, kugelrunder, etwa 1 kg schwerer Spaghettikürbis für den kleinen Haushalt. Die Früchte sind lange grün und verfärben sich oft

erst nach längerer Lagerung ins Gelbliche. Pflanzen schwach rankend und wenig Blattmasse entwickelnd. Auch für den kleinen Garten.

Tivoli F_1: Die etwa 2 kg schweren Früchte sind cremefarben und länglich-rund. Die Pflanze wächst buschförmig oder schwach rankend und liefert 2–3 Früchte.

Tivoli F_1 liefert längliche cremfarbene Spaghettikürbisse mit etwa 2 kg.

Die länglichen Früchte von Stripetti F_1 mit ihren grünen Streifen und Flecken sind dekorativ und bis zu 12 Monate haltbar.

Stripetti F_1: Eine wunderschöne amerikanische Züchtung. Die cremefarbenen länglichen, etwa 2–3 kg schweren Früchte sind **grün gestreift.** Dank ihrer langen Haltbarkeit, die ein Jahr und auch länger sein kann, sind sie gut für Dekorationen verwendbar. Die harte und dicke Schale ist eine ausgezeichnete Verpackung für das faserige Fruchtfleisch. Auch nach über sechsmonatiger Lagerung lassen sich davon noch ausgezeichnet Kürbis-Spaghetti zubereiten. Die Pflanze benötigt wegen ihrer längeren Ranken mehr Platz, ist aber dafür sehr ertragreich.

Halloweenkürbisse

Die Auswahl beginnt bei etwa 0,5 kg kleinen Minikürbissen und reicht bis zu etwa 30 kg und schwereren Exemplaren. Die Früchte färben sich bei ihrer Reife in das für diese Gruppe typische und sehr einheitliche kräftige Dunkelorange. Die Fruchtform ist meistens kugelrund, seltener flachrund oder länglichrund. Die äußerlich glatten und gelegentlich nur sehr schwach gerippten Früchte sind dünnfleischig. Bei einigen Sorten ist der Wuchs buschig, sonst schwach bis mäßig stark rankend.

Was ihre Verwendung in der Küche betrifft, sind die Früchte dieser Sorten, die in Amerika als **»Pumpkin«** bezeichnet werden, von grundlegend anderer Qualität. Das Fruchtfleisch ist weicher und wässriger und im Geschmack oft fade, besonders wenn es von blasser Farbe ist. Wegen ihrer bauchigen Form und des großen Hohlraumes bzw. Kerngehäuses sind diese Früchte sehr gut geeignet zum Aushöhlen von **Kürbislaternen** und Schnitzen von **Kürbisgesichtern.** Diese Sorten werden für Halloween auf Feldern in Massen produziert. Zur Verwendung als Gemüse sind sie nicht zu empfehlen. Bestenfalls lässt sich unter Verwendung von viel Gewürzen noch Suppe daraus kochen oder Püree für den bekannten **Pumpkin Pie** zubereiten. Die bis etwa 2 kg schweren Früchte, deren Fruchtfleisch von kräftigerer Farbe ist, sind dazu etwas besser geeignet als die größeren und meistens sehr wässrigen. Die Haltbarkeit ist nur von kurzer Dauer.

Sorten
Baby Bear: Mit den ansprechenden etwa 0,5–1 kg großen Früchten ein rasch überall bekannt und beliebt gewordener Pumpkin. Das Saatgut dieser

1993 erstmals in Amerika präsentierten Sorte ist inzwischen fester Bestandteil im Samenhandel. Die schwach rankende Pflanze liefert 5–10 sehr dekorativer Früchte.

Weitere ähnliche Sorten: Baby Pam, Trickster F_1.

Little Lantern: Die etwa 2 kg schweren, dunkel orangen Früchte sind fast kugelrund und ähnlich wie bei Baby Bear von mäßiger bis mittlerer Qualität. Die Pflanzen sind schwach bis mittelstark rankend.

Weitere ähnliche Sorten: New England Pie, Small Sugar, Spooktacular F_1, Triple Treat.

Jack O'Lantern: Bekannteste und berühmteste Pumpkin-Sorte. Früchte etwa 4–8 kg schwer und als typischer Laternen-Kürbis verwendet. Pflanze mittelstark rankend. Neuere F_1-Hybridsorten dieser Halloweengruppe haben schwach rankenden oder buschigen Wuchs und liefern meist 2–3 Früchte je Pflanze.

Weitere ähnliche Sorten: Big Autumn F_1, Halloween, Jack of all Trades F_1, Sankt Martin F_1, Spirit F_1.

Autumn King F_1: Bei dieser und vergleichbaren anderen Sorten mit 10–30 kg und noch schwereren Früchten handelt es sich um F_1-Hybriden, die verstärkt seit dem Halloweenboom gezüchtet werden. Wer gute Gerichte aus Kürbis zubereiten möchte, sollte diese Früchte in der Küche nicht verwenden.

Weitere ähnliche Sorten: Appalachian F_1, Big Moon, First Price F_1, Longface F_1.

Ölkürbis
(Cucurbita pepo ssp. *pepo* convar. *pepo* var. *styriaca)*

Die Früchte sind vergleichbar mit den mittelgroßen, etwa 3–5 kg schweren Halloweenkürbissen. Allerdings sind sie auch bei voller Ausreife nicht einheitlich orange gefärbt sondern grüngelb gestreift und gefleckt. Ölkürbisse werden nur wegen ihrer essbaren, sehr eiweiß- und **fettreichen Samen** angebaut. Wegen ihrer nahrhaften Samen waren Kürbisse schon seit jeher begehrt. In der Steiermark wurden sie bald nach ihrer Einbürgerung vor über 300 Jahren in rasch zunehmendem Maße von Landwirten kultiviert. Dort, wo es für das Wachstum von Oliven zu kalt, für den Kürbisanbau aber warm genug ist, wird aus den Kürbiskernen ein begehrtes Speiseöl gepresst. Damals waren nur die mit der weißen, holzigen

Die einheitlich dunkelorangefarbenen Halloweenkürbisse werden zum Aushöhlen und Schnitzen verwendet. Als Gemüse sind sie weniger zu empfehlen.

Bei der Reife verfärben sich die anfangs grünen Ölkürbisse streifenförmig ins Gelb-orange. Zur Ausreife ihrer Kerne bleiben sie in der Sonne liegen.

Moschuskürbis: wärmeliebender Fleischlieferant

Der Name dieser Kürbisart weist auf den **Geruch des Fruchtfleisches** hin. Reife aufgeschnittene Früchte verströmen einen schwachen Moschusgeruch. Dieser pflanzliche Duftstoff darf aber nicht mit dem penetranten tierischen Moschusgeruch gleichgesetzt werden. Den Moschuskürbissen fehlt die Farbenvielfalt, wie sie bei den Garten- und Riesenkürbissen zu finden ist. Junge und nicht vollständig ausgereifte Früchte sind grün, ausgereifte Früchte cremefarben bis bräunlich und oft mit einer Wachsschicht überzogen. Sie werden bevorzugt in südlichen Ländern angebaut. Beim Anbau in klimatisch weniger günstigen Gebieten liefern die großfrüchtigen Sorten nur 1–2 Früchte je Pflanze, die zudem oft nicht vollständig ausreifen. Doch die Qualität der Früchte ist ähnlich wie bei Zucchini im nicht ganz ausgereiften Zustand hervorragend. Das Fleisch ist zart und saftig und zeichnet sich durch einen sehr hohen Karotingehalt aus. Es schmeckt roh verzehrt erfrischend. Die starkwüchsigen Pflanzen entwickeln lange Triebe.

Schale umgebenen Kerne bekannt. Zur Ölpressung wurden sie vorher in sehr zeitaufwändiger und mühsamer Weise von Hand geschält. In den Wintermonaten war damit die ganze Familie beschäftigt. Vor etwa 130 Jahren entdeckte man Früchte mit den schalenlosen und dunkelgrünen Samen. Wegen der immensen Arbeitsersparnis hat sich der Anbau dieser **nacktsamigen Mutante** zwar langsam aber stetig verbreitet. Bei den Kernen ist die sonst dicke und holzige Samenschale auf ein feines dünnes Häutchen reduziert. Der olivgrüne Samen kann ohne zusätzliche Schälarbeit gegessen oder zur Ölpressung ver-

wendet werden. Das fast weiße, wässrige und schwammige Fruchtfleisch diente früher als Viehfutter. In Notzeiten wurde es auch zusammen mit Rindfleisch zu Suppe verkocht. Wegen der erforderlichen Handarbeit beim Teilen der Kürbisse und Entnahme der Kerne war der Anbau vor etwa 20 Jahren fast ganz zum Erliegen gekommen. Heute werden in der Steiermark auf etwa 10.000 ha Ölkürbisse angebaut. Die Ernte der Kürbiskerne erfolgt voll mechanisiert und das Fruchtfleisch bleibt auf dem Acker als organischer Dünger zurück.
Sorten: Gleisdorfer Ölkürbis, Lady Godiva, Sepp, Wies.

Butternuss

Butternuts – wie diese sehr beliebten Früchte in den USA genannt werden – zählen zu den besten Speisekürbissen. Die etwa 1–2 kg schweren Früchte haben die Form einer Birne. Die Verdickung am vorderen Ende, dort wo die Blüte saß, wird durch das Kernhaus verursacht. Das hintere Ende zur Stielseite hin besteht aus purem Kürbisfruchtfleisch ohne Kerngehäuse. Größere Früchten gleichen eher einer Keule als einer Birne.

Bei den Früchten der Sorte Butternuss befindet sich das Kernhaus nur in der vorderen verdickten Fruchthälfte.

Die Früchte liefern eine erstaunliche Menge besten Fruchtfleisches. Durch das meist sehr klein ausgebildete Kernhaus fällt ein nur verschwindend geringer Anteil Putzabfall an. Frisch geerntet können die Früchte samt Schale verwendet werden, was bei der Zubereitung Zeit spart, oder sie werden gleich roh verzehrt. Neben mittelstark rankenden und sehr ertragreichen Sorten sind auch schwachwüchsige oder buschig wachsende, dafür aber weniger ertragreiche Sorten im Saatguthandel erhältlich. Wegen der großen Nachfrage und Beliebtheit bieten Saatgutzüchter bereits über 20 verschiedene Sorten zur Auswahl an. Sie eignen sich auch gut zum Anbau bei weniger günstigem Klima und unterscheiden sich im Wesentlichen in der Größe ihrer Früchte. **Einige bewährte Butternusskürbisse:** Butter Boy F_1, Butterbush F_1, Butternut Supreme F_1, Early Butternut F_1, Waltham Butternut, Zenith F_1, Ultra Butternut F_1.

Sucrine du Berry

Die 'Süße von Berry' ist eine **französische Butternuss-Züchtung.** Die im jungen Zustand dunkelgrünen, etwa 1–2 kg

Die birnenförmigen grünen Früchte von Sucrine du Berry verfärben sich bei ihrer Reife nur langsam ins Bräunliche.

schweren Früchte verfärben sich erst spät bei der Reife ins bräunliche. Die Pflanzen wachsen mittelstark rankend.
Ähnliche Sorte: Phoenix F_1 (Früchte hellgrün und gefleckt).

Violina

Eine bemerkenswerte **italienische Butternuss** mit etwa 2–4 kg Fruchtgewicht. Die Früchte sind leicht gerippt und erinnern an die Form einer Violine. Diese etwas wärmebedürftigere mittelstark rankende Sorte liefert in kühleren Gegenden meist nur 1–2 Früchte. Auch als 'Rugosa Butternut' im Saatguthandel.

Langer von Nizza

Eine **typische französische** Sorte, die dort den Namen 'Longue de Nice' trägt. Die bis zu 80 cm langen etwa 3–5 kg schweren Früchte ähneln großen Gurken. Auch wenn die Früchte in kühleren Gebieten nicht ausreifen,

Langer von Nizza – gurkenähnliche Früchte mit sehr saftigem Fruchtfleisch, das roh sehr erfrischend schmeckt.

lohnt sich ein Anbauversuch. Das Fruchtfleisch ist anfangs sehr saftig und kann roh verzehrt werden. Das Kerngehäuse ist nur sehr schwach ausgebildet und sitzt als kleine Verdickung erkennbar an der vorderen Fruchtspitze.
Weitere ähnliche Sorte: Langer von Napoli (Fruchtgewicht über 10 kg und nur für warmes Klima empfehlenswert).

Die bevorzugt in Südfrankreich angebaute Sorte Muscade de Provence ist als Muskatkürbis inzwischen bei uns gut bekannt. Gelegentlich werden deshalb die Moschuskürbisse allgemein auch als Muskatkürbisse bezeichnet.

Tromba d'Albenga

Albenga ist eine Stadt in Mittelitalien und »Tromba« heißt Trompete. Beim Anbau im wärmeren Klima liefert die 'Trompete von Albenga' ähnliche Früchte wie 'Langer von Nizza'. Die 1 m langen und schlanken Früchte winden sich aber beim Wachstum eigenartig im Kreis. Auf Gemüsemärkten in Italien werden ähnlich wie bei Salami Stücke abgeschnitten. Die ausgereiften cremefarbenen Früchte bilden eine attraktive Dekoration. Wärmeliebend.

Tancheese

Die Übersetzung des Namens könnte »brauner Käse« lauten. In Farbe und Form gleichen diese flachrunden etwa 1–2 kg schweren Früchte kleinen Käselaiben. Die mittelstark rankenden Pflanzen sind nur im warmen Klima ertragreich.

Muscade de Provence

Mit 10–20 kg Gewicht der größte Moschuskürbis. Die Früchte sind stark gerippt und enthalten im nicht ausgereiften Zustand viel saftiges Fleisch, das roh verzehrt werden kann. Die sehr stark rankende Pflanze liefert nur bei günstigem Klima mehrere Früchte, die nach der Ernte bei warmer Lagerung noch nachreifen.
Weitere ähnliche Sorte: Fairytale F_1 (Fruchtgewicht etwa 5 kg).

Unreif grün und ausgereift bräunlich sind die großen rippigen Früchte von Muscade de Provence.

Riesenkürbis: Giganten und praktische Minigrößen

Einzelne Sorten dieser Art können bekanntlich Riesenfrüchte erstaunlicher Größen bilden. Als Speisekürbisse sind diese Giganten allerdings wenig interessant. Hier ist auch die bekannte Sorte 'Deutscher Gelber Zentner' einzuordnen. Die **zentnerschweren Riesen** können eigentlich nur dazu dienen, entweder die neidische Nachbarschaft zu beeindrucken oder sie den Kindern zum Aushöhlen zu überlassen und ihnen damit eine riesige Freude zu bereiten. Wer aber Gemüse **ernten** und wert auf Klasse statt Masse legt, kann getrost auf diese faden Riesen verzichten.

Wenig bekannt ist, dass diese Kürbisart eine große Auswahl an **Sorten mit kleinen Früchten** bietet. Sie beginnt bei buschig wachsenden Pflanzen, die etwa 0,5 kg schwere, meist kräftig orange oder rot gefärbter Früchte bester Qualität liefern. Auch bei Pflanzen, die 1–3 kg schwere Kürbisse entwickeln, hält sich das **Wachstum** mit den schwach bis mäßig rankenden Trieben noch in erträglichen Grenzen. Bei Fruchtgrößen ab etwa 5 kg

Von den Riesenkürbissen war bei uns lange nur die Sorte Deutscher Gelber Zentner bekannt.

explodiert die Entwicklung der Blatt- und Sprossmasse jedoch nahezu förmlich. Verständlich, dass deshalb immer noch der Rat weitergegeben wird, Riesenkürbisse auf dem Kompost anzupflanzen.

Als wirklich riesig kann die Vielfalt an **Formen und Farben** der Früchte dieser Kürbisart bezeichnet werden. Von Weiß und Beige, Gelb, Orange und Rot in fast allen Schattierungen über Grün bis hin zu Hell- und dunkelgrau und selbst Graublau ist beinahe das gesamte Regenbogenspektrum an Farben geboten. Neben kugel- und flachrunden, ovalen, länglichen, birnen-, zwiebel- und bananenförmigen, glatten, gerippten und warzigen Früchten sind so ziemlich alle bei den Kürbissen bekannten und möglichen Formen zu finden.

Was die **Fruchtqualität** betrifft, ist sie zumindest bei den kleinen bis mittelgroßen Exemplaren grundsätzlich mit guten bis sehr guten Noten zu beurteilen. Die Früchte besitzen eine dünne und weiche Schale, die bei den

Kürbis-Sorten und deren Eigenschaften

Sorte	Wuchs	Frucht	Frucht-qualität	Seite
Gartenkürbisse (*Cucurbita pepo*)				
Zucchini				19
Diamant F_1	buschig wachsend	grün, länglich gerade auch ausgereift weichschalig	sehr gut	19
Gold Rush F_1	buschig wachsend	gelb, länglich gerade, ausgereift hartschalig	sehr gut	20
Yellow Crookneck	buschig wachsend	gelb, länglich gekrümmt, ausgereift hartschalig ausgereift hartschalig	sehr gut	20
Patisson				21
Patisson blanc	buschig wachsend	weiß, rund, tellerförmig, ausgereift hartschalig	sehr gut	21
Patisson orange	buschig wachsend	gelb, rund, tellerförmig, ausgereift hartschalig	sehr gut	21
Scallopini F_1	buschig wachsend	grün, rund, tellerförmig, ausgereift hartschalig	mäßig	21
Patisson jaune panaché vert	buschig wachsend	gelb-grün, rund, tellerförmig, nur für Deko geeignet	Deko	22
Eichelkürbisse (Acorn-Squash)				22
Table Queen	schwach rankend	grün, gerippt, spitz zulaufend, 0,5–1 kg	sehr gut	22
Table Gold	buschig wachsend	gelb-orange, gerippt, jung verwenden, ca. 0,5 kg	sehr gut	23
Swan White Acorn	schwach rankend	weiß bis creme, gerippt, sehr dekorativ, ca. 1 kg	sehr gut	23
Heart of Gold F_1	schwach rankend	weiß-grün gefleckt, gerippt, sehr dekorativ, ca. 1 kg	sehr gut	23
Festival F_1	buschig wachsend	gelb-orange und weiß-grün, gefleckt, sehr dekorativ, ca. 1 kg	sehr gut	23
Mini-Gartenkürbisse				23
Baby Boo	mittelstark rankend	weiß bis creme, gerippt, Fruchtfleisch blass, 100–200 g	gut	24
Jack be Little	mittelstark rankend	gelb-orange, gerippt, Fruchtfleisch orange, 150–300 g	sehr gut	24
Puccini	schwach rankend	creme mit orangen Streifen, wärmebedürftig, 200–300 g	gut	24
Sweet Dumpling	mittelstark rankend	creme, grün gestreift, rund, gerippt, 300–600 g	sehr gut	24
Sweet Potatoes	mitelstark rankend	creme, grün gestreift, länglich, 300–500 g	sehr gut	24
Melonette	mittelstark rankend	gelb, kugelrund, ca. 2 kg, sehr ertragreich	sehr gut	24
Spaghettikürbisse				25
Small Wonder	schwach rankend	grün-gelb, kugelrund, ca. 1 kg, ertragreich	gut	25
Tivoli F_1	schwach rankend	cremefarben, länglich, ca. 2 kg, bekannter Spaghettikürbis	gut	25
Stripetti F_1	mittelstark rankend	cremefarben, grün gestreift, länglich, ca. 2–3 kg	gut	26
Halloweenkürbisse				26
Baby Bear	schwach rankend	dunkelorange, flachrund, ca. 1 kg, dekorativ	mäßig	26
Little Lantern	mittelstark rankend	dunkelorange, hochrund, ca. 2 kg, zum Aushöhlen	mäßig	27
Jack O'Lantern	stark rankend	dunkelorange, hochrund, 4–8 kg, zum Aushöhlen	mäßig	27
Autumn King F_1	schwach rankend	dunkelorange, hochrund, 10–30 kg, zum Aushöhlen	mäßig	27
Ölkürbis	schwach rankend	orange mit grünen Streifen und Flecken, schalenlose Kerne	mäßig	27
Moschuskürbisse (*Cucurbita moschata*)				28
Butternuss	mittelstark rankend	cremefarben, birnenförmig 2–3 kg, ertragreich	sehr gut	29
Sucrine du Berry	mittelstark rankend	grün, reif bräunlich, birnenförmig, 2–3 kg	sehr gut	29

Violina	mittelstark rankend	cremefarben, birnenförmig, 2–4 kg, wenig ertragreich	sehr gut	29
Langer von Nizza	mittelstark rankend	grün, reif bräunlich, bis 80 cm lang, 3–5 kg, kleines Kernhaus	sehr gut	29
Trombo d'Albenga	mittelstark rankend	cremefarben, bogenförmig gekrümmt 2–4 kg, sehr dekorativ	gut	29
Tancheese	mittelstark rankend	cremefarben, flachrund, 2–3 kg, nicht sehr ertragreich	gut	29
Muscade de Provence	stark rankend	grün, reif bräunlich, 10–20kg, viel saftiges Fleisch	sehr gut	29

Riesenkürbisse (Cucurbita maxima)

				31
Golden Nugget	buschig wachsend	kräftig orange-rot, 100–500 g, sehr ertragreich	sehr gut	34
Roter Hokkaido	mittelstark rankend	kräftig orange-rot, 1–2 kg, Maroni-Geschmack, ertragreich	sehr gut	34
Grüner Hokkaido	mittelstark rankend	grün, Fruchtfleisch gelb-orange, 2–3 kg, Maroni-Geschmack	sehr gut	35
Yukigeshou F_1	mittelstark rankend	grau, Fruchtfleisch kräftig gelb, 2–3 kg, Maroni-Geschmack	sehr gut	36
Tetsukabuto F_1	stark rankend	grün, 1–2 kg, sehr ertragreich und sehr lange haltbar	sehr gut	36
Buttercup	mittelstark rankend	grün, kantige Form, 1–2 kg, Maroni-Geschmack	sehr gut	36
Ambercup F_1	mittelstark rankend	orange-rot, flachrund, 1–2 kg, Maroni-Geschmack	sehr gut	36
Moranga Coroa	mittelstark rankend	graublau, leicht gerippt, 2–3 kg, flachrund	sehr gut	37
Türkenturban od. Bischofsmütze	mittelstark rankend	grün-gelb-orange-rot, 1–3 kg, sehr gut zum Füllen dekorativ	sehr gut	37
Blaue Banane	mittelstark rankend	graublau, längliche Form, 2–3 kg, Fruchtfleisch kräftig gelb, ergiebig	sehr gut	38
Rote Banane	mittelstark rankend	orange, längliche Form, 2–4 kg, ertragreich und ergiebig	sehr gut	38
Sweet Grey F_1	stark rankend	grau, leicht gerippt, 4–6 kg, Fruchtfleisch dick und kräftig gelb	sehr gut	38
Jarrahdale	stark rankend	grau, gerippt, 4–8 kg, Fruchtfleisch dick und kräftig gelb	sehr gut	39
Queensland Blue	mittelstark rankend	grün, gerippt, Gugelhupfform, 2–4 kg, sehr haltbar	sehr gut	39
Kleeblattkürbis	mittelstark rankend	grau, drei- bis vierlappig, 2–4 kg, sehr haltbar und dekorativ	sehr gut	39
Chioggia	stark rankend	grün, rippig und warzig, 4–6 kg, mit Schale garen, weniger ertragreich	sehr gut	39
Blauer Ungar	stark rankend	graublau, schöne glatte Schale, 4–8 kg, gut zum Backen im Bratrohr	sehr gut	40
Olivenkürbis	stark rankend	grün, olivenförmig, 3–5 kg, sehr alte französische Sorte	sehr gut	40
Flat White Boer	stark rankend	weiß, sehr flache Form, 5–10 kg, Fruchtfleisch dick und kräftig gelb	sehr gut	40
Lakota	schwach rankend	rot, birnenförmig, 2–3 kg, sehr gut zum Füllen, sehr dekorativ	sehr gut	41
Blue Hubbard	stark rankend	blaugrau, rugbyball-förmig, 10 kg, sehr gut für Kürbispüree	gut	42
Golden Hubbard	stark rankend	orange-rot, 2–4 kg, sehr hartschalig, gut für Püree, dekorativ	sehr gut	42
Green Hubbard	stark rankend	grün, 2–4 kg, sehr hartschalig, alte amerikanische Sorte	gut	42
Mini Orange Hubbard	schwach rankend	orange-rot, glatt- und weichschalig, 1 kg, schön und dekorativ	sehr gut	42
Blue Ballet und Baby Blue	schwach rankend	graublau, Fruchtfleisch kräftig gelb etwa 1 kg	sehr gut	42
Golden Delicious	mittelstark rankend	rot, länglich runde Form, 4–6 kg, wenig ertragreich	sehr gut	42
Gelber Zentner	sehr stark rankend	gelb, kugelrund, 10–30 kg, Fruchtfleisch blass, fad und wässrig	mäßig	43
Warzenkürbis	sehr stark rankend	gelb-orange, ca 10 kg, mit erdnussförmigen Warzen	mäßig	44
Rouge Vif d'Etampes	sehr stark rankend	orange-rot, flachrund, 10–20 kg, Fruchtfleisch fad und wässrig	mäßig	45
Peruanischer Kürbis	sehr stark rankend	grün, 20–40 kg, alte französische Züchtung	mäßig	45
Atlantic Giant	sehr stark rankend	gelb-orange, speziell für Kürbis-Wettbewerbe gezüchtet	mäßig	45

Die buschig wachsende Sorte Golden Nugget. Diese Pflanze eignet sich auch gut für die Bepflanzung von Gefäßen, die auf Terasse und Balkon stehen.

Golden Nugget (auch Gold Nugget)

Dieses Goldstück, das australischen und neuseeländischen Züchtern gelang, steht mit gutem Grund an erster Stelle bei dieser Kürbisart. Sie ist eine der wenigen **buschig** wachsenden und **nicht rankenden** Riesenkürbissorten. Die wirklich ideale Pflanze für den kleinen Garten! Bei der Züchtung wird verstärkt versucht, Sorten dieses Wuchstypus zu erhalten. Die orangerot gefärbten, etwa 200–500 g schweren Früchte sitzen ähnlich wie Äpfel aufgereiht an dem gestauchten Spross. Wer diese Sorte im Garten anbaut, wird sie nicht mehr missen mögen. Das trockene Fruchtfleisch entspricht dem der roten Hokkaido-Sorten. Wegen ihrer praktischen Größe der Pflanzen und der Früchte sollte diese Sorte zum Standartangebot im Samenhandel gehören. Leider ist es aber bisher noch schwierig, Saatgut zu erhalten.
Weitere ähnliche Sorte: Bushfire F_1.

gelb- und orangefarbenen und frisch geernteten Früchten vor der Zubereitung nicht unbedingt geschält werden muss. Besonders bei den kleineren Fruchtgrößen ist das **Fruchtfleisch** meist sehr fest und trocken und von kräftig gelber bis dunkeloranger Farbe. Roh verzehrt

Für den Anbau im kleinen Garten sind nur die kleinfrüchtigen Sorten der Riesenkürbisse zu empfehlen. Wegen ihres schwächeren Triebwachstums hält sich der Platzbedarf noch im erträglichen Rahmen. Die Vielfalt der auf den Märkten angebotenen Früchte sollte uns aber ermutigen, sie wenigstens in der Küche auszuprobieren.

schmeckt es ähnlich wie Karotten. Gegart entfaltet es bei vielen Sorten ein feines **Maroni-Aroma.**
Das wahre Talent dieser Früchte besteht darin, dass sie **sehr lange haltbar** sind und grundsätzlich für alle bei Gemüse und teilweise auch bei Obst möglichen Zubereitungsarten verwendet werden können. Wer einmal den Vorteil dieser Riesenbeeren entdeckt hat, wird den Kürbis auf dem **Speiseplan** nicht mehr entbehren mögen. Der einzige Nachteil der Früchte kann gelegentlich nur an ihrer in heutigen Haushalten oft nicht zu bewältigenden Größe liegen. Aber wie schon erwähnt, sind die kleineren Früchte in der Regel auch die allerbesten.

Roter Hokkaido oder Maroni-Kürbis

Unter Kürbisfreunden ein gut bekannter Name und für »Noch-

Der bei uns noch kaum bekannte Grüne Hokkaido entwickelt sehr flache Früchte.

nicht-Kürbisfans« die wärmstens empfohlene **Einsteigersorte.** Diese Früchte dürfen inzwischen in keinem Gemüseladen mehr fehlen. Wer dagegen in Saatgutkatalogen eine Kürbissorte unter der Bezeichnung 'Hokkaido' sucht, wird selten fündig werden. Im deutschsprachigem Raum hat sich der Name 'Hokkaido' für Kürbisse eingebürgert, die etwa 1–2 kg schwer und von roter Farbe sind. Diese Sorten, die sich durch eine **hervorragende Fruchtqualität** auszeichnen und deswegen auch hierzulande schnell eine große Nachfrage erlebten, wurden ursprünglich in **Japan** gezüchtet. Sie tragen

Der Rote Hokkaido, wegen seiner Form auch Zwiebelkürbis und wegen des Geschmacks Maronikürbis genannt.

aber für uns sehr schwierig auszusprechende japanische Namen wie z. B. 'Uchiki Kuri'. Hokkaido ist eine große Insel nördlich der japanischen Hauptinsel gelegen. So erhielten die von dort stammenden Kürbisse bei uns ganz einfach den Namen dieser Insel. Inzwischen werden aber auch in anderen Ländern Kürbisse dieses Typs gezüchtet. Die Früchte haben häufig die Form einer Zwiebel und werden deshalb auch **Zwiebelkürbis** genannt. Der Name der **französischen Sorte** 'Potimarron' deutet auf den Maroni-Geschmack hin. Setzt man die beiden französischen Wörter »Potiron« für Kürbis und »Marron« für Esskastanie bzw. Maroni zu einem Wort zusammen, erhält man »Potimarron«, was übersetzt soviel wie **Maronikürbis** bedeutet. In Japan

heißt Maroni »Kuri« oder »Guri«. Die nach Maroni schmeckenden und dort sehr geschätzten Kürbisse tragen im Sortennamen meist diesen Hinweis. 'Akaguri' bedeutet z. B. »Rote Maroni«. **Hokkaido- bzw. Maronikürbisse:** Akaguri, Akazukin, Oranger Knirps, Potimarron, Uchiki Kuri.

Grüner Hokkaido

Nur sehr wenige in Japan gezüchtete Kürbisse mit dem typischen Maroni-Geschmack haben eine rote Farbe. Eigenartigerweise sind bisher nur diese roten

Wegen ihres feinen Aromas wäre anstelle der Bezeichnung Hokkaidokürbis der Name Maronikürbis weit aussagekräftiger.

Sorten in Deutschland bekannt und geschätzt. Die allermeisten japanischen Züchtungen haben eine grüne Schale. Werden diese grünen »Kuri-Kabocha«, wie sie in Japan bezeichnet werden, hier angeboten, sind sie oft unverkäuflich. Der deutsche Verbraucher hält die grünen Früchte für unreif. In der Qualität ihres Fruchtfleisches stehen sie aber den rotschaligen in keiner Weise nach.

Die Früchte sind im Gegensatz zu den bauchigen roten Sorten flach und leicht gerippt. Helle Streifen, die vom Blütenansatz bis zum Stielansatz verlaufen, lassen die Früchte sehr ansprechend aussehen. Mit 2–3 kg Gewicht sind sie etwas größer als die roten Sorten und haben ein

Der Grüne Hokkaido wird wegen seiner dunkelgrünen Fruchtschale leider wenig beachtet.

kräftig gelbes Fruchtfleisch. Die schwach bis mittelstark rankenden Pflanzen sind wärmebedürftig und liefern selten mehr als 2–3 Früchte.
Sorten: Delica F_1 (Ebisu F_1), Emu Seven, Hokkori F_1, Meruhen, Mikoshi, Sweet Mama F_1.

Yukigeshou F_1

Der Name dieser beliebten japanischen grauschaligen Sorte bedeutet übersetzt 'Schneelandschaft' und charakterisiert diese hübsche Erscheinung sehr treffend. Die marmorierten Früchte sind für Dekorationen gut verwendbar. Das Fruchtfleisch ist vergleichbar mit dem der grünen Hokkaido-Sorten. Nachdem wir rote und grüne Hokkaidos kennen, könnte diese Sorte wegen der ebenfalls hohen Fruchtfleischqualität folgerichtig auch als **grauer Hokkaido** bzw. Maroni-Kürbis bezeichnet werden.
Ähnliche Sorte: Snow Delite.

Tetsukabuto F_1

Auch dieser Name verrät, dass es sich um eine japanische Züchtung handelt. Die Pflanze liefert 6–8 und auch mehr gleichmäßig dunkelgrüne, schwach rippige etwa 1–2 kg schwere Früchte. Eine wirklich sehr ertragreiche,

aber auch stärker rankende und sehr robuste Pflanze.
Das Besondere daran ist, dass es sich bei dieser Sorte um eine der bisher selten gelungenen **Kreuzungen zweier Kürbisarten** handelt, nämlich des Riesen- und des Moschuskürbis. Wegen der fehlenden Pollenentwicklung sind zur Bestäubung Pflanzen anderer Sorten in der Nachbarschaft notwendig. In Amerika ist diese Sorte unter der Bezeichnung 'Iron Cup' bekannt.

Buttercup

Eine in Amerika sehr beliebte und altbewährte Sorte. Die grünschaligen Früchte sind an der Seite des Stielansatzes deutlich kantig abgeflacht. Dadurch sind sie gut erkennbar. Die Qualität des kräftig orangefarbenen Fruchtfleisches ist mit den Maronikürbissen vergleichbar.

Ambercup F_1

Diese schöne amerikanische Neuzüchtung ist vermutlich einer **Kreuzung** von Buttercup und Golden Hubbard entsprungen. Die abgeflachten, etwa 1–2 kg schweren Früchte tragen vom Blütenansatz ausgehend ein grünes sternförmiges Muster. Die Früchte mit feinem Maroni-Aroma sind nur bei guter Ausreife lange haltbar.

Moranga Coroa

Eine in Brasilien verbreitete Sorte mit flachen und leicht gerippten Früchten. Diese sind anfangs grün und verfärben sich langsam graublau. Entlang der Furchen erscheinen dabei immer deutlicher schöne gelb bis rot gefärbte Streifen.

Türkenturban oder Bischofsmütze

Türken- oder Bischofsmützen werden meistens als Zierkürbisse deklariert. Sie enthalten bestes Fruchtfleisch und eignen sich gut zum Füllen.

Wegen ihrer sehr auffallenden Form und dem schönen Farbenspiel werden diese etwa 1–2 kg schweren und **guten Speisekürbisse** nur selten als Gemüse verwendet. Die eigenwillige Fruchtform entsteht, weil die Blüte in der Mitte des Fruchtknotens ansetzt. Bei den allermeisten Sorten sitzt die Blüte ganz vorne an der Spitze des Fruchtknotens. Auf den ausgewachsenen Früchten ist vom Blütenansatz dann nur noch ein kleiner Punkt oder Kreis an der Fruchtspitze zu sehen. Beim Türkenturban bleibt dieser Blütenansatz an der ausgewachsenen Frucht als deutlicher Ring in der Fruchtmitte erkennbar.

Innerhalb dieses Rings bilden sich an der vorderen Fruchthälfte bizarre Ausstülpungen, die an eine Bischofsmütze oder einen Türkenturban erinnern. Diese kronenartige Erhebung kann an **Farbenspiel** nahezu alles bieten, was bei Kürbissen möglich ist. Bei einzelnen Früchten sind die Farben Weiß, Gelb, Orange, Rot und Grün gleichzeitig vertreten. Verständlich, dass solche Kostbarkeiten nicht in den Suppentopf wandern. Die größeren und dickfleischigeren Früchte bieten sich aber geradezu dafür an, sie entlang des Blütenansatzes aufzuschneiden, die Krone abzuhe-

ben und nach der Entfernung des Kerngehäuses mit Füllung im Backrohr zu garen.

In einem geöffneten Türkenturban, der im Backrohr vorgewärmt wird, lässt sich z. B. Kürbissuppe darin zubereiten oder einfüllen und diese dann als Besonderheit aus der hübschen Frucht heraus am Tisch servieren. Schon dafür kann ein Anbau der ertragreichen mittelstark rankenden Pflanzen im Garten lohnend sein. Bei Platzmangel können die Triebe auch an Gerüsten oder im Geäst von Sträuchern und Bäumen hochwachsen.

Blaue Banane oder Blue Banana

Eine amerikanische Züchtung mit hervorragendem Fruchtfleisch: fest und trocken, kräftig gelb und sehr dickfleischig. Auch von seiner Größe her ein praktischer und **handlicher Kürbis.** Fruchtgewicht etwa 2–3 kg. Bei Bedarf beginnt man an einer Seite wie bei einer Wurst ein Stück abzuschneiden. Wenn jeweils nach 2–3 Tagen erneut ein Stück von der Frucht abgeschnitten wird, lässt sich der Kürbis in praktischen Portionen über einen Zeitraum von einer oder gar zwei Wochen in der Küche aufbrauchen.

Mit der blaugrauen Schale ist diese Frucht ein besonderer **Dekorationsartikel.** Die 30–40 cm langen und geraden Früchte

Wegen der praktischen Früchte mit viel festem, kräftig gelbem Fruchtfleisch ist Blue Banana sehr zu empfehlen.

Rote Banane – dekorativ, praktisch, qualitativ sehr hochwertig und haltbar. Ein ideales Gemüse.

gleichen allerdings eher einer großen Wurst als einer Banane. Pflanze mittelstark rankend.

North Georgia oder Rote Banane

Das orange- bis rotfarbene Gegenstück zur Blauen Banane. Die etwa 40 cm langen und 2–4 kg schweren Früchte sind auch wie Bananen gekrümmt. Durch das eher kleine Kernhaus sind die Früchte sehr ergiebig und recht praktisch bei der Verwendung in der Küche. Bei Bedarf wird ein Stück abgeschnitten und samt Schale zubereitet.
Ähnliche Sorte: Pink Jumbo Banana oder Rote Riesenbanane (Fruchtgewicht 10–20 kg).

Sweet Grey F_1

Wer diese und andere graufarbigen und damit in ihrer Erschei-

nung weniger auffälligen Früchte sieht, wird kaum ahnen, dass sich unter der zarten Schale **bestes Fruchtfleisch** verbirgt. Die leicht gerippten Früchte sind wie die grünen Hokkaido-Sorten flach aber mit 4–6 kg etwa doppelt so groß wie diese und ausgesprochen dickfleischig. Das kräftig gelb orange farbene Fruchtfleisch ist fest und trocken und lässt sich sehr vielfältig verwenden. Die Pflanzen entwickeln lange Ranken und benötigen viel Platz. Diese und ähnliche hervorragende Sorten sind Produkte australischer und neuseeländischer Züchter.
Weitere ähnliche Sorten: Crown Prince F_1, Early Dry Crown F_1, Grey Star F_1.

Sweet Grey F_1 – ein wirklich süßer grauer Kürbis von bester Qualität.

Jarrahdale oder Australien Blue

Im Gegensatz zu den vorher genannten grauen Sorten mit flachen Früchten liefert diese altbewährte australische Sorte bauchige, fast kugelrunde und ebenfalls **sehr fleischige Früchte** bester Qualität. Die gerippten grauen Früchte sind mit 4–8 kg für den normalen Hauhalt leider schon fast zu groß. Die Pflanzen sind starkwüchsig.

Queensland Blue

Die Sorte mit einer sehr **eigenwilligen Fruchtform** trägt den Namen des australischen Bundeslandes Queensland und stammt auch von dort. Die etwa 2 bis 4 kg schweren Früchte sind, ähnlich wie bei der Sorte Buttercup, an der Seite des Stielansatzes kantig abgeflacht. Durch diese Rippung sind sie eine ausdruckstarke und markante Erscheinung, die einem Gugelhupf ähnlich sieht. Die Farbe ist dunkelgrün und verändert sich auch nach über sechsmonatiger Lagerung nicht.

Kleeblattkürbis

Eine weitere, ursprünglich aus Australien stammende Sorte mit sehr eigenartigen dreilappigen, manchmal auch vierlappigen etwa 2–4 kg schweren Früchten. In den USA werden sie 'Tristar' und in Frankreich 'Triamble' bezeichnet. Die anfangs grünen Früchte benötigen eine lange Reifezeit und reifen im kühleren Klima nicht immer aus. Ausgereift nehmen sie eine metallgraue Farbe an. Sie sind sehr haltbar und dienen wegen ihrer sonderbaren Form mehr als **Dekoration,** obwohl sie auch bestes Fruchtfleisch enthalten.

Chioggia oder Marina di Chioggia

Eine nach der in der Nähe von Venedig gelegenen Stadt Chioggia benannte italienische Züchtung mit **hoher Fruchtqualität.** Auf der Seite des Blütenansatzes entsteht ähnlich wie beim Türkenturban oder der Bischofsmütze eine kleine Krone. Mit seiner grünen Farbe, den tiefen Furchen und starken Runzeln eine auffallende Erscheinung mit etwa 4–6 kg Gewicht. Um das bei diesem Kürbis mühsame und zeitaufwändige Schälen einzusparen, wird das in Streifen oder Stücke geschnittene Fruchtfleisch samt Schale gegart. Anschließend kann das weichgegarte Frucht-

Die stark gerippten Früchte von Jarrahdale sind sehr dickfleischig und ergiebig.

Die Sorte Triamble mit eigenartigen kleeblattähnlichen dreilappigen Früchten.

Die dunkelgrüne rippige Frucht mit der sehr unpraktischen warzigen Schale der italienischen Sorte Chioggia.

fleisch bequem mit einem Löffel von der Schale gelöst werden. Die stark rankende, wärmebedürftigere Sorte liefert 2–3 Früchte, die im kühlen Klima nach der Ernte noch etwas Zeit zur Nachreife benötigen.

Blauer Ungarischer Bratkürbis

Auf ungarisch hießt Kürbis »Tök« und diese Sorte wird dort 'Nagydobosi Sütótök' genannt. Die ausgereiften etwa 4–8 kg schweren Früchte haben eine sehr glatte und metallisch blaugrau gefärbte Schale. In Ungarn werden sie geviertelt oder in dicke Scheiben aufgeteilt und samt Kerngehäuse im Backrohr gegart. Das erst nach dem

Im Gegensatz zu Chioggia der Grüne Olivenkürbis – schön rund und glattschalig.

Backen entfernte Kerngehäuse gibt den Fruchtstücken einen leicht karamelisierenden Geschmack. Dünn abgeschnittene Scheiben können auch in einer Pfanne angebraten werden. Diese Zubereitungsart ist mit allen anderen ähnlich festfleischigen Früchten möglich. Ungarn sind der festen Meinung, nur mit dieser Sorte schmeckt es besonders gut, was nicht bezweifelt wird. Die Pflanze ist stark rankend und liefert 2–3 Früchte.

Grüner Olivenkürbis

Der etwa 3–5 kg schwere und grünschalige Kürbis hat die Form und das Aussehen einer großen Olive. Es ist eine sehr alte französische Sorte mit etwas saftigerem, aber kräftig gelben Fruchtfleisch. Der französische Name lautet 'Potiron Vert Olive'. Kürbis wird dort »Potiron« oder gelegentlich auch »Courge« bezeichnet. Die Pflanze wächst stark rankend und entwickelt große Blätter.

Flat White Boer

In Südafrika nennen die Schwarzen nicht nur einen Kürbis, sondern auch gelegentlich Weiße, die sie weniger gern mögen,

Knapp 1 m Durchmesser erreicht Flat White Boer. Die leicht gerippte schneeweiße Frucht ist ausgesprochen flach.

»Boer« und »Flat White Boer« bedeutet »flacher weißer Kürbis«. Die bis zu 10 kg schweren und ausgesprochen **flachen Früchte** sind schwach gerippt. Unter der dünnen und zarten weißen Haut verbirgt sich ein kräftig gelborangenes Fruchtfleisch bester Qualität. In Südafrika werden die geernteten Früchte bis zu ihrer Verwendung auf den Dächern der Hütten in der prallen Sonne gelagert. Für den normalen Haushalt sind diese Früchte bereits viel zu groß. Inzwischen gibt es einige Neuzüchtungen, vorwiegend **Hybridsorten,** mit kleineren Früchten. Allerdings erreicht das Fruchtfleisch nicht immer die hohe Qualität dieser alten Sorte.
Weitere ähnliche Sorten: Eden White F_1, Flat White Star F_1, Weisser Kürbis.

Die am Stiel- und Blütenansatz spitz zulaufenden, rugbyballförmigen Früchte der Sorte Golden Hubbard.

Lakota

Der rote und sehr schöne **birnenförmige** Kürbis ist eine Nachzüchtung einer Sorte, die von dem Indianervolk der Lakota-Sioux angebaut wurde. Beim Stiel- und Blütenansatz beginnend, zieht sich eine dunkelgrüne Musterung über die kräftig rote Schale. Wegen seines großen Kerngehäuses und der bauchigen Form eignet sich diese Frucht wie geschaffen zum Füllen. Die schwach rankende Pflanze liefert allerdings nur 1–2 Früchte. Diese Nachzüchtung ist eine späte Hommage an einen durch die Weißen ausgerotteten Indianerstamm.

Sehr dekorativ, von praktischer Größe, lange haltbar und von bester Qualität – der rotgrüne Lakota.

Hubbards

Die Früchte dieser in den USA gezüchteten Sorten haben die unverkennbare Form eines Rugby-Balles. Die eiförmigen und oft sehr bauchigen, auf beiden Seiten etwas eigenartig spitz zulaufenden Früchte entwickeln ein großes Kerngehäuse. Das **Fruchtfleisch** ist nicht allzu dick, aber von seiner Qualität einmalig. Es ist süß, sehr fest und trocken und eignet sich wie kaum von einer anderen Sorte sehr gut für die Herstellung von **Kürbispüree.**

Die großfrüchtigen Sorten haben eine ungewöhnlich harte, verholzte Schale. Der Versuch, diese

Früchte mit einem Küchenmesser aufzuschneiden, ist meistens zwecklos und zum Scheitern verurteilt. Um an das kostbare Innere zu gelangen, wendet man am besten den gleichen Trick wie bei Kokosnüssen an. Man lässt den Kürbis am besten aus etwa 1 m Höhe auf einen Stein- oder Pflasterboden fallen. Ist die Wucht des Aufpralles groß genug, zerplatzt der Kürbis in zwei Teile. Ist die Wucht nicht ganz ausreichend, bekommt die Schale zumindest einen Riss und der Kürbis kann dann leicht vollständig zerteilt werden. Da auch ein Abschälen der Stücke äußerst mühsam ist, gibt man die Fruchtstücke einfach

mitsamt Schale zum Garen ins Backrohr. Ist das Fruchtfleisch weich gegart, schabt man es mit einem Löffel von der Schale ab. Anschließend kann es für **Suppe** oder auch für den **Pumpkin Pie** verwendet, als köstliches **Kürbispüree** serviert oder weiter verarbeitet werden.

Blue Hubbard: Die Hubbardsorte mit den größten, bis zu 10 kg schweren Früchte. Mit der blaugrauen Farbe und der leicht warzigen Schale auch ein schöner und haltbarer **Dekorationskürbis.**

Leider liefert in unserem Klima die Sorte Golden Delicious meist nur eine einzige, dafür aber eine sehr schöne und qualitativ sehr hochwertige orangerote Frucht.

Golden Hubbard: Früchte etwa 2–4 kg schwer. Dank der orangeroten Farbe und leichten Marmorierung die **schönste Hubbard-Sorte.** Auch das Fruchtfleisch dieser Sorte ist intensiv orangefarben. Für die Küche gut geeignet, aber eben ein sehr hartschaliger Kürbis!

Der sehr großfrüchtige und manchmal etwas unförmige Blue Hubbard.

Green Hubbard: Das grünfarbene Gegenstück zum Golden Hubbard. In Amerika bereits seit 150 Jahren bekannt. Eine optisch interessante Sorte ist der stark gewarzte Hubbard namens 'Warted Green Hubbard'. Im Gegensatz zum roten Hubbard haben grünschalige Sorten ein nicht so intensiv orangefarbenes Fruchtfleisch.

Mini Orange Hubbard F_1: Ein sehr schöner und ausnahmsweise weich- und glattschalige **Hubbard-Neuzüchtung** mit etwa 1 kg. Die Früchte gleichen denen der Maronikürbisse. Das Fruchtfleisch hat vergleichbare Qualität, ist aber etwas weniger dick.

Blue Ballet oder Baby Blue: Das Gegenstück zum Mini Orange Hubbard mit blaugrauer Schale. Sehr dekorativ und wesentlich praktischer als der große Blue Hubbard.

Golden Delicious

Eine von Form und Farbe sehr schöne, etwa 4–6 kg schwere weichschalige Frucht. Leider liefert die stark rankende Pflanze im kühleren Klima meist nur eine Frucht, die auch nicht immer vollständig ausreift. Ausgereifte Früchte sind wunderschön und wegen ihres angeblich hohen Vitamingehaltes sehr geschätzt.

Sehr stark rankende Giganten

Die folgenden Sorten zeichnen sich nicht nur durch ihre meist zentnerschweren Früchte sondern auch durch ihre sehr langen Triebe und üppige Blattentwicklung aus. Durch die wesentlich längeren Blattstiele und die massigen Laubblätter können die Pflanzen einen mehr als kniehohen und sehr üppigen Blätterwald entfalten, der sogar Unkräuter wirksam unterdrückt. Ein Anbau dieser stark wachsenden Sorten im Gemüsegarten zwischen anderen Kulturen ist völlig ungeeignet. Weniger wegen ihres Nährstoffbedarfes aber vielmehr wegen ihres absoluten Platzbedarfes werden diese Riesen am **Kompostplatz** oder gelegentlich auch neben einen in Rotte befindlichen Stallmisthaufen angepflanzt. Bei dem unbeschränkten Nährstoffangebot lassen sich dann im Herbst Exemplare ernten, die einen Schubkarren voll ausfüllen können.
Sie dienen fast ausnahmslos als attraktive **herbstliche Dekorationen.** Oft werden sie zu hübschen Figuren und Kürbismännchen verarbeitet, allerdings mit nur sehr begrenzter Lebensdauer.

Deutscher Gelber Zentner

Wer das Wort »Kürbis« hört, bringt häufig diese Frucht damit in Verbindung. Diese Tatsache ist im Wesentlichen die Ursache dafür, dass andere Sorten bisher weder im Garten noch in der Küche größeren Anklang fanden. Auch bei ungünstigen Klimabedingungen entwickelt sich die Pflanze recht zuverlässig und

Die Riesenfrüchte mit ihrem eher faden und wässrigen Fruchtfleisch vor allem bei hoher Stickstoffdüngung sind als Gemüse zubereitet nicht sehr zu empfehlen,

liefert im Herbst dazu noch mehrere oft erstaunlich große Früchte. In Notzeiten war diese

Bei einem unbegrenzten Nahrungsangebot etwickeln großfrüchtige Sorten des Riesenkürbis auch ein massiges Laubwerk.

Warzenkürbis – auf der beim Wachstum aufplatzenden Fruchtschale bilden sich an den Rissen wulstartige Verkorkungen.

hat sich dabei als eine gängige Methode bewährt.

Als Speise ist dieses Produkt allerdings nicht jedermanns Geschmack. Vor allem nicht in Zeiten verwöhnter Gaumen. Mit den heute in jeder Küche vorhandenen Gewürzen ist es allerdings möglich, geschmacksvollere Zubereitungsarten als früher zu wählen. Für süß-saures Einlegen eignen sich andere Sorten mit festem und trockenem Fruchtfleisch nicht. Der Gelbe Zentner ist dafür eine der wenigen geeigneten Sorten, dessen Fruchtfleisch bei der kurzen Erhitzung im heißen Essigsud die gewünscht glasige Konsistenz erhält.

Weitere ähnliche Sorten oder andere Bezeichnungen: Gelbe Netzmelone, Gelbe Riesenmelone, Jaune Gros de Paris, Riesenzentner.

Warzenkürbis

'Galeux d'Eysines' – seine französische Bezeichnung – ist an

Eigenschaft geschätzt und wichtig. Es ist aber selbst in großen Haushalten in aller Regel unmöglich, eine Frucht mit 10–20 kg oder noch mehr nach ihrem Anschneiden und Zerteilen in wenigen Tagen aufzubrauchen. Deshalb wurde besonders in Notzeiten nach geeigneten **Konservierungsmöglichkeiten** gesucht. Süß-saures Einlegen

Der 'Riesenzentner' wurde auch noch in den Nachkriegsjahren von Landwirten auf Feldern angebaut und im Winter an das Vieh verfüttert. Mit der Ausbreitung der Silowirtschaft wurde das saft- und vitaminreiche Zusatzfutter nicht mehr benötigt.

Die Früchte des Roten Zentners sind dekorativ und auch das Fruchtfleisch ist kräftig orangerot, aber leider wässrig und fad.

Schon wegen ihrer Größe sind diese Riesen in der Küche kaum sinnvoll verwertbar. Wegen ihres Vitamingehaltes dienten sie früher als saftreiches Viehfutter.

der Riesenkürbisse aus Peru. Es ist eine französische Züchtung, die dort »Courge du Perou« heißt. Courge ist neben Potiron ein französischer Name für Kürbis. Die Früchte sind grün und die Pflanze liefert in unserem Klima selten mehr als eine Frucht.

Atlantic Giant

In Amerika wurde diese Sorte speziell für die alljährlich stattfindenden Kürbiswettbewerbe gezüchtet. Dabei winkt dem Besitzer des schwersten Kürbis eine stattliche Geldprämie. **Weitere ähnliche Sorten:** Big Max oder Gargantua, Prizewinner F_1.

der Oberfläche dicht bedeckt mit warzigen Auswüchsen. Der Kürbis sieht damit aus, als wäre er mit Erdnüssen beklebt. Das Fruchtfleisch ist kräftig orangerot. Die Pflanze liefert im kühlen Klima meist nur eine Frucht, die nicht immer genügend ausreift. Wegen der korkartigen und rissigen Warzen, in die bei Regenperioden leicht Feuchtigkeit eindringt, ist die Sorte nicht für niederschlagsreiche Gebiete zu empfehlen. Die Früchte sind zwar sehr dekorativ aber nur kurze Zeit haltbar.

Rouge Vif d'Etampes

In Deutschland wird diese alte französische Sorte auch **Roter Zentner** genannt. Die bis 20 kg schweren gerippten Früchte sind sehr flach. Mit ihrer leuchtend roten Farbe sind sie sehr auffallend und für **Dekorationen** besser zu gebrauchen als für die Zubereitung von Gemüse.

Peruanischer Kürbis

Der Name dieser Sorte erinnert an die ursprüngliche Herkunft

auf einen blick

- Viele der heute noch bewährten Kürbissorten sind bereits entstanden, lange bevor Kolumbus die ersten Früchte sah
- Bei der Züchtung neuer und qualitativ hochwertiger Speisekürbis-Sorten sind neben den USA vor allem Australien, Neuseeland und Japan führend.
- Bei uns noch kaum bekannte aber qualitativ hervorragende Speisekürbisse werden häufig als »essbare Zierkürbisse« angeboten.

Von der Aussaat bis zur Ernte

Obwohl der Kürbis den Titel »Kaiser im Garten« trägt, ist er eine genügsame und pflegeleichte Pflanze – Kürbis im eigenen Garten anzubauen ist sprichwörtlich kinderleicht.

Vielerorts werden im Frühjahr in Kindergärten und Schulen Kürbissamen an die Kinder verteilt und unter fachkundiger Anleitung dürfen sie die Samenkerne in einen mit Erde gefüllten Blumentopf stecken. Dieser wird ans Fensterbrett gestellt, und bereits nach wenigen Tagen zeigt sich der Erfolg. Der Keimling schiebt sich aus der Erde und strebt in seinem fast unaufhörlichen Wachstum dem Licht entgegen. Sobald kein Frost mehr zu befürchten ist, wird die Pflanze aus dem Topf geholt und in den Garten gepflanzt. Außer gelegentlichem Gießen ist im Sommer kaum eine weitere Pflege erforderlich. Im Herbst kann die Überraschung über die Ernte im wahrsten Sinne des Wortes riesengroß sein.

◀ Der Kürbis ist eine pflegeleichte Pflanze und es bereitet Jung wie Alt Spaß und Freude, Pflanzen und Früchte bei ihrem raschen Wachstum zu beobachten.

Begrenztes Saatgutangebot

Die größte Schwierigkeit besteht eigentlich darin, von guten Speisekürbis-Sorten Saatgut zu erhalten. Dort, wo in Geschäften Samentüten angeboten werden, wächst zwar von Jahr zu Jahr das Angebot, doch die Sortenauswahl hält sich in engen Grenzen. Zum gängigen Standardsortiment zählen neben Zierkürbissen und einigen Halloweensorten der bekannte 'Riesenzentner' und meistens nur eine Hokkaido-Sorte. Auch bei den Zucchini ist es oft schwierig, neben den bekannten grünen noch andere Sorten zu erhalten.

Wer **Kürbissorten ausprobieren** möchte, von denen in Garten- und Einkaufscentern kein Saatgut angeboten wird, sollte Kataloge von speziellen **Samenversandfirmen** anfordern (siehe Bezugsquellen Seite 92). Große Saatgutfirmen liefern leider auch mit chemischen Mitteln **gebeiztes Saatgut.** Beim Anbau im Garten bringt das keinen Vorteil, gebeiztes Saatgut verliert rasch seine Keimfähigkeit.

Sobald auch Nachts die Temperatur nicht mehr unter 10 °C absinkt, entfalten Kürbispflanzen ihre hübschen Blüten.

Gebeizte Samen für den Anbau im nächsten Jahr aufzubewahren ist deshalb nicht ratsam. Oft werden aus einem Kürbis die **Kerne** entnommen und diese **ausgesät.** Die davon nachgezogenen Pflanzen können Früchte mit völlig anderen Formen und Farben liefern. Ursache dafür ist, dass sich ne-

> Keine andere Pflanze ist in der Lage, sich wie der Kürbis in solch kurzer Zeit aus einem Samenkorn so rasant zu entwickeln und dabei sogar noch innerhalb weniger Monate Früchte in Rekordgrößen zu liefern.

Aussaat – jeweils einen Samen in einen Torfquelltopf oder in einen mit Erde gefüllten Blumentopf stecken.

Keimlinge auspflanzen oder bei früher Aussaat und längerer Vorkultur in größere Töpfe umpflanzen.

beneinander wachsende Sorten ein und der selben Art bei der Bestäubung der Blüten durch die Insekten kreuzen können. Sorten, die verschiedenen Arten angehören, kreuzen sich nicht.

Direktsaat oder Vorkultur?

Kürbissamen direkt in ein Gartenbeet zu säen, ist nur bei wenigen Sorten mit Erfolg möglich. Selbst bei robusten Sorten sind für die **Keimung** mindesten 10°C Bodentemperatur erforderlich. In klimatisch bevorzugten Lagen kann dies zwar bereits Anfang Mai, in benachteiligten Gebieten aber oft erst Mitte bis Ende Mai der Fall sein.
Bei einer Aussaat nach Mitte Mai ist zumindest bei den Speisekürbissen kaum noch mit einem zufriedenstellenden Ertrag zu rechnen. In günstigeren Lagen können dagegen die weniger

wärmebedürftigen und früh reifenden Gartenkürbisse, vor allem Zierkürbisse und Halloweensorten einschließlich der Ölkürbisse, mit Erfolg direkt ins Freiland gesät werden. Diese Sorten mit kurzer Wachstums- und Reifezeit werden auch von Landwirten auf Feldern angebaut. Die maschinelle Direktsaat erspart im Erwerbsanbau die arbeits- und kostenaufwändige Vorkultur.

Aussaat Mitte bis Ende April in Töpfen

Für den Anbau im Garten ist eine Aussaat in Töpfen, die in einen beheizten Raum zur Keimung gestellt werden, zweckmäßig. Jede gute Gartenerde ist hierfür geeignet. Legen Sie einfach die Samenkörner in die mit Erde gefüllten Töpfe und bedecken Sie sie etwa 1 – 2 cm hoch mit Erde.

So wird richtig gesät

- Werden die Samen in die Erde gesteckt, ist darauf zu achten, welche Seite nach unten bzw. nach oben zeigt.
- Kürbissamen sind an einer Seite gleichmäßig gerundet, die andere Seite des Samenkorns läuft entweder spitz zu oder diese Spitze ist vorne etwas abgestumpft. An dieser Seite erscheint der Keimling. Zeigt diese Seite nach oben, ist das für die Entwicklung des Keimlings nicht so günstig.

Die **Größe des Samenkorns** lässt bereits auf die zu erwartende Größe der Kürbisfrucht und auf das Wachstum der Pflanze schließen. Die kleinfrüchtigen Gartenkürbisse entwickeln kleine und flache Samen, Riesenkürbisse mit großen Früchten haben große und dicke Kerne. Je größer das Samenkorn, umso kräftiger ist der erscheinende Keimling und sein Wachstum.

Wegen dieser sehr unterschiedlichen Entwicklung ist es zweckmäßig, Samen verschiedener Sorten und vor allem der verschiedenen Arten nicht zusammen sondern getrennt in jeweils **eigenen Saatgefäßen** auszusäen. Eine **Aussaat** vor Anfang April bringt kaum einen Vorteil, denn bis zum Auspflanzen nach den Eisheiligen kann es besonders den starkwüchsigen Pflanzen des Riesenkürbis in ihrem Anzuchtgefäß, meistens einem Blumentopf, schnell zu eng werden. Erleiden die Pflanzen dadurch einen Nährstoffmangel und damit verbunden einen Wachstumsstopp, ist durch den früheren Aussaattermin nichts gewonnen.

Kürbiskeimlinge lieben es warm

Zur Keimung werden die S**aatgefäße** bei etwa 20–25°C aufgestellt. Je niedriger die Keimtemperatur, umso leichter faulen die Samen. Es ist durchaus möglich, mehrere Samenkörner einer Sorte zusammen in einem etwa 10–12 cm großen Blumentopf auszusäen.

Sofort nach der Entfaltung der ersten beiden Keimblätter nimmt man die **Keimlinge** heraus, trennt sie vorsichtig auseinander und pflanzt jeden einzeln in einem etwa 12 cm großen Blumentopf wieder ein. Wird damit zu lange gewartet, sind die Pflanzen mit ihren Wurzeln zu sehr verflochten und nicht mehr ohne Beschädigung zu trennen.

Sobald die Keimlinge die ersten beiden Keimblätter entwickelt

Wird bei Zucchinipflanzen Wert auf eine möglichst früh beginnende Ernte gelegt, kann die Aussaat bereits im März erfolgen. Die Jungpflanzen müssen dann bis zum Auspflanzen nach den Eisheiligen in größeren Gefäßen herangezogen werden. Diese frühzeitig herangezogenen Zucchini können bereits Ende Mai die ersten Blüten und Fruchtansätze entwickeln.

Bei früher Aussaat Ende März bis Anfang April entwickeln sich bis Ende Mai kräftige Jungpflanzen, die bereits Blüten entfalten und Früchte ansetzen.

Kleinfrüchtige Sorten und rankende Zucchini können wie Stangenbohnen an Klettergerüsten emporwachsen.

haben, benötigen sie tagsüber volles **Sonnenlicht.** Stehen sie in einem beheizten Wohnraum, entwickeln Kürbispflanzen häufig dünne und lange Triebe, denn dort ist es für die Jungpflanzen nachts meistens zu warm und tagsüber selten ausreichend hell genug. Stellen Sie die Jungpflanzen deshalb wenn möglich in ein **Gewächshaus,** einen **Frühbeetkasten** oder **Wintergarten,** wobei die Temperatur bei Sonnenschein 20–30°C betragen darf. Bei trübem Wetter und nachts sind etwa 10–15°C für optimales Wachstum günstig. Selbst wenige Grade über dem Gefrierpunkt werden von den

Pflanzen ohne Schaden kurzzeitig vertragen. Nur **Frost** bedeutet ein rasches Ende. Bei Frostgefahr holt man die Pflanzen für diese Zeit ins Haus oder schützt sie zusätzlich mit wärmeisolierender **Noppen-** oder **Frostschutzfolie.** Gedrungen und kräftig wachsende Pflanzen sind der Lohn dieser Mühe.

Die aus tropischen Gebieten stammenden Pflanzen sind dankbar, wenn beim **Gießen angewärmtes Wasser** verwendet wird. Düngen mit einem **stickstoffbetonten Dünger** – evtl. in flüssiger Form – fördert die Entwicklung der Jungpflanzen.

Die Anzucht der Kürbisse

- Samen in Töpfe mit guter Gartenerde oder in Jiffy-Pots legen.
- Saattiefe 2–3 cm, je nach Sorte und Größe der Samen (auf Samentütchen nachlesen).
- Auf richtige Lage achten.
- Warm aufstellen (helles Zimmer, Gewächshaus, Wintergarten).
- Bei Bedarf mit angewärmtem Wasser gießen.
- Erscheinen die ersten Keimblättchen, Pflanzen in einzelne Töpfe umpflanzen.
- Nach den Eisheiligen ins Freie setzen.

Platzbedarf und Boden

Kürbispflanzen gedeihen in jedem lockeren und **humosen Gartenboden.** Günstig sind humusreiche sandige Lehmböden bei einem **pH-Bereich** zwischen 6 und 7 und eine möglichst gleichmäßige **Bodenfeuchtigkeit.** Bei Bodenverdichtungen, schweren Ton- wie auch flachgründigen Kiesböden wachsen die Pflanzen nicht zufriedenstellend.

Sehr förderlich auf Wachstum und Ertrag wirkt sich aus, wenn an der Pflanzstelle **organischer Dünger** wie Kompost oder Stallmist oberflächlich eingearbeitet wird.

Die Meinung, wegen ihres starken Wachstums können Kürbisse im kleinen Garten nicht angebaut werden, ist nur die halbe Wahrheit. Ganz ähnlich wie bei Obstgehölzen gibt es auch unter den Kürbissen Arten und Sorten mit ganz **unterschiedlichem Wachstum.** Bei Platzmangel ist es sicherlich nicht sinnvoll, Riesenkürbis-Sorten mit ihren stark wuchernden Trieben und mächtigen Blättern anzupflanzen. Buschig wachsende Pflanzen der Gartenkürbisse, wie wir sie bei Zucchini längst kennen, benötigen nur 1 x 1 m Platz. Bei 1 m **Pflanzabstand** lassen sich damit auf einem Gartenbeet auch im **kleinen Garten** problemlos mehrere Pflanzen verschiedener Sorten unterbringen. Ist etwas mehr Platz zur Verfügung, können auch einige Pflanzen der **schwach rankenden Sorten** gewählt werden. Ihre Blätter sind kleiner und längst nicht so mächtig, wie bei den großfrüchtigen Riesenkürbissen. Die im Gegensatz zu den Riesen- und Moschuskürbissen schwachwüchsigeren Gartenkürbisse wurden bereits von den Indianern Nordamerikas in der bewährten **Mischkultur** zusammen mit Mais und Bohnen angebaut. Die Bohnen können am Mais emporklettern und die sich dazwischen ausbreitenden Kürbisse beschatten den Boden. Die an den Boh-

Kürbisse können auch z. B. anstelle von Kapuzinerkresse auf lichten Baumscheiben gepflanzt werden.

An den Wurzeln von Leguminosen (z. B. Bohnen und Erbsen), gedeihen die Stickstoff liefernden Knöllchenbakterien.

nenwurzeln gedeihenden stickstoffsammelnden **Knöllchenbakterien** liefern den Mais- und Kürbispflanzen den zum Wachstum erforderlichen Stickstoff. Es ist auch gut möglich, am Rande einer gemulchten **Baumscheibe** unter einem lichten Obst- oder Ziergehölz oder zwischen den **Beerensträuchern** einen Kürbis anzupflanzen. Auch bei größer werdenden und weiträumiger stehenden Gemüsepflanzen, zum Beispiel **Kohlarten,** kann ein schwach rankender Gartenkürbis seine Triebe locker dazwischen ausbreiten. **Stark rankende Pflanzen** der Riesenkürbisse sind dazu natürlich wenig oder nicht geeignet.

Wegen ihres großen Platzbedarfes dieser Giganten werden sie gerne am **Kompost** gepflanzt. Dort können sie mit ihrem wuchernden Wachstum anderen Pflanzen weniger gefährlich werden. Für die großfrüchtigen Sorten der Riesenkürbisse ist die Compostecke oft der einzige geeignete Platz im Garten. Werden mehrere Kürbispflanzen nebeneinander angebaut, genügt bei allen buschig wachsenden und schwach bis mittelstark rankenden Pflanzen ein Abstand in der Reihe von 1m und ein Reihenabstand von 1–2 m. Pflanzen mit kräftigem Wuchs wie die meisten Riesen- und Moschuskürbisse benötigen in der Reihe

1,5–2 m und zwischen den Reihen mindestens 2–3 m Abstand. Grundsätzlich wachsen die Pflanzen auch an einem leicht beschatteten **Standort**. Je schattiger der Standort, umso schlechter ist allerdings die Ausreife der Früchte. Wird Wert auf eine gute Ernte und ausgereifte haltbare Früchte gelegt, ist ein **vollsonniger Platz** notwendig.

In einem **Gewächshaus** angepflanzt, leiden die meisten Kürbispflanzen im Hochsommer unter der dort herrschenden hohen Lufttrockenheit. Für den Flaschenkürbis ist das Gewächshausklima dagegen sehr günstig. Er gedeiht zwar in klimatisch weniger günstigen Gebieten, die Früchte reifen aber im Freien nicht aus. Werden die im Freien ausgepflanzten jungen Kürbispflanzen bei kühlem Wetter mit **Vlies oder Folie** abgedeckt und geschützt, erhalten sie dadurch einen Wachstumsvorsprung.

Kürbispflanzen sind in der Lage, bei Bodenkontakt an ihren Trieben zusätzliche Wurzeln zu bilden. Beim Auspflanzen deshalb tiefer setzen und die Erde bis zu den Keimblättern oder dem ersten Laubblatt anhäufeln.

Vorsicht, gefräßige Schnecken!

Junge Kürbispflanzen sind ein begehrter Leckerbissen für Schnecken. Bei einer Aussaat im Gartenbeet können die Keimlinge bereits unter der Erde abgefressen werden, schon aus diesem Grund ist eine Vorkultur in Töpfen an einem schneckensicheren Platz sinnvoll. Doch damit sind die Pflanzen noch lange nicht über den Berg. Aus dem Topf in den Garten ausgepflanzt wirken die jungen saftigen Pflänzchen wie magnetisch auf die Schnecken. Manche Pflanzen überleben die erste Nacht im Freien nicht. Häufig wird dabei der Spross angeknabbert, ein Abknicken und Absterben der Pflanze ist dann die Folge.

Bei Schneckengefahr ist es zum Schutz der Pflanzen unerlässlich, etwas Schneckenkorn direkt daneben zu streuen. Wird zum Beispiel ein im biologischen Anbau zugelassenes ungiftiges Mittel verwendet, sollte bereits einige Tage vor dem Auspflanzen an der vorgesehenen Pflanzstelle etwas **Schneckenkorn** ausgestreut werden. Dadurch lässt sich der Befallsdruck rechtzeitig reduzieren. Da die Pflanzen auch noch die folgenden zwei bis drei

Aufgepasst – Schnecken bevorzugen anfangs die zarten Jungpflanzen, später Blüten und junge Früchte.

Wochen nach dem Auspflanzen gefährdet sind, kann bei Bedarf deshalb in dieser Zeit Schneckenkorn nachgestreut werden. Begrenzt helfen auch käufliche **Schneckenzäune**, regelmäßiges **Absammeln** der Schnecken und **Bierfallen**.

Größere Pflanzen sind für die Schnecken nicht mehr interessant, allerdings ziehen dann die bald erscheinenden zarten Blüten und jungen Früchte die gefräßigen Tiere in ihren Bann.

Nährstoff- und Wasserbedarf

Der Nährstoffbedarf von Kürbispflanzen wird gewöhnlich überschätzt. Nur wenn Riesenfrüchte gewünscht sind, wird mit reichlich Dünger nachgeholfen. Eine hohe Stickstoffdüngung fördert nur das Sprosswachstum und die Blattentwicklung, Haltbarkeit, Qualität und Geschmack der Früchte werden dagegen – ähnlich wie bei anderen Früchten – nachteilig beeinflusst.

Beim Anbau von Speisekürbissen ist eine ausreichende **Stickstoffdüngung** nur in der Zeit der **Jungpflanzenanzucht** und unmittelbar nach ihrem Auspflanzen am wichtigsten. In dieser Zeit sind bei Bedarf Stickstoffdüngergaben – eventuell in flüssiger Form – für eine rasche und kräftige Entwicklung der Jungpflanzen förderlich und sinnvoll. Bei gut mit Nährstoffen und vor allem mit organischem Material versorgten Böden sind dann in der Regel keine weiteren Düngergaben mehr erforderlich. Wie Ergebnisse von Bodenuntersuchungen zeigen, weisen viele Gartenböden ausreichend bis sehr hohe Phosphat- und Kaliumgehalte auf. In diesem Fall sollte die Ausbringung von Volldüngern in jedem Fall unterbleiben.

Werden die flach wurzelnden **Kürbisse und Zucchini in Gefäßen** angepflanzt, sollten diese groß genug sein. Ein mit reichlich organischem Material verbessertes Pflanzsubstrat ist zweckmäßig. **Regelmäßiges Gießen** vor allem an heißen Tagen ist bei Gefäßkulturen unerlässlich. Allerdings: **Staunässe** wirkt sich wesentlich nachteiliger aus als eine kurze vorübergehende Trockenheit.

Im Sommer sind **Niederschläge** von etwa 100 mm bzw. 100 l je Quadratmeter monatlich für die Kürbispflanzen völlig ausreichend. Selbst wenn innerhalb von zwei bis drei Wochen kein Niederschlag fällt, finden die Wurzeln bei tiefgründigen Böden

Ein sichtbarer Hinweis auf Wassermangel zeigt sich, wenn bei sommerlicher Hitze tagsüber die Blätter vorübergehend etwas schlaff aussehen.

und unter einer schützenden Mulchschicht in der Regel noch genügend Feuchtigkeit. Nur in Gebieten mit weniger als 600 mm Jahresniederschlag ist eine regelmäßige Zusatzbewässerung notwendig.

Großfrüchtige und damit auch großblättrige und stark rankende Sorten werden im kleinen Garten viel zu mächtig.

Mehltaubefall führt zum Absterben der Blätter und tritt gerne an Halloweensorten und bei Stickstoffüberdüngung auf. Beim Gießen Blätter nicht befeuchten.

Mulchen reduziert den Unkrautwuchs

Eine sehr vorteilhafte Maßnahme ist das Mulchen des Bodens im Umkreis der Pflanzen. Die Mulchschicht unterdrückt Unkrautwuchs und hält den Boden gleichmäßig feucht. Die Pflanzen entwickeln unter einer schützenden Mulchdecke in der oberen lockeren und gut durchlüfteten Bodenschicht ein intensives Wurzelwerk.

Jegliche Bodenbearbeitung im Bereich der Wurzeln wirkt sich störend und nachteilig aus. Wird durch die Mulchauflage eine unnötige Austrocknung des Bodens verringert oder vermieden, kann damit das Gießen stark reduziert oder sogar ganz eingespart werden.

Zum Mulchen eignen sich am besten leicht verrottende nähr-

stoffhaltige Materialien, etwa **Gras- oder Rasenschnitt, Heu** und **frischer Kompost.** Bei der Verrottung liefern diese Materialien gleichzeitig die von den Pflanzen benötigten Nährstoffe. Zusätzliche Düngergaben sind damit nicht mehr notwendig. Geeignet ist auch **schwarze Mulchfolie.**

Zum Mulchen nicht geeignet sind dagegen stickstoffarme Materialien wie Stroh, Rinde und Holzhäcksel. Sie benötigen für ihre Zersetzung zusätzlichen Stickstoff, den sie dem Boden und damit den Kürbispflanzen entziehen.

Was tun bei Mehltaubefall?

Bei einsetzender kühlerer und feuchterer Luft im Spätsommer kann gelegentlich an den Blättern Mehltau auftreten. Das ist bevorzugt bei hoher Stickstoffdüngung und häufig bei Halloween-Sorten der Fall. Ein im September beginnender Befall, der oft rasch zum völligen Absterben der Blätter führen kann, hat aber kaum noch spürbare Auswirkungen auf den Ertrag, denn das Fruchtwachstum ist bis dahin größtenteils abgeschlossen. Mehltaubefall ist also nur optisch von Nachteil.

Kräftig wuchernde Triebe kann man bei Platzmangel einkürzen. Die Triebspitzen und die noch jungen und zarten Blätter werden in Salate gemischt oder wie Spinat zubereitet. Von kräftig wachsenden Pflanzen können die jungen Triebspitzen ab Juli regelmäßig abgeerntet werden.

Vom Blühen und Fruchten

Kürbis und Zucchini tragen wie Gurken und Melonen als **einhäusige Pflanzen** gleichzeitig männliche und weibliche Blüten. Bei den weiblichen Kürbis- und Zucchiniblüten sitzt der gelbe Blütentrichter auf dem kurzgestielten Fruchtknoten. Bereits in diesem Stadium ist die Form der heranreifenden Frucht deutlich erkennbar. Männliche Blüten sind langgestielt.

Gelegentlich kommt es vor, dass eine Kürbis- oder Zucchinipflanze nur **männliche Blüten** entwickelt und keine Früchte ansetzt. Im Gegensatz dazu hat der Mensch zum Beispiel bei der Züchtung von Salatgurken rein **weibliche Pflanzen** geschaffen. Damit wird bei Gurken die unerwünschte Bildung von Samen

verhindert. Diese Entwicklung von samenlosen Früchten ohne Bestäubung nennt man J**ungfernfrüchtigkeit** oder **Parthenokarpie.**

Kürbisfrüchte können sich nur nach erfolgter **Bestäubung** entwickeln. Die trichterförmigen und nektarreichen leuchtend gelben Kürbisblüten sind ein **Tummelplatz für viele Insekten** wie Hummeln, Schwebfliegen, kleine Käfer, Honig- und Wildbienen. Sie sorgen für die notwendige Bestäubung. Nur in Schlechtwetterphasen, wenn keine Insekten fliegen, bleibt die Bestäubung aus. Nicht befruchtete Kürbisse wachsen zwar noch etwas weiter, fallen dann aber nach einigen Tagen ab. Die Entwicklung der weiblichen Blüten und ihre Bestäubung sowie das Wachstum der

Früchte erfolgen erst, wenn auch nachts die Temperaturen nicht mehr unter 10°C absinken.

Die Saatgutgewinnung

Für die Gewinnung von **sortenreinem Saatgut** muss die Bestäubung durch Insekten verhindert werden, wenn mehrere

Kürbis- und Zucchiniblüten lassen sich für hübsche Tischdekorationen und gleichzeitig als essbare Garnierung von Speisen verwenden. Die noch nicht vollständig geöffneten Blüten, männliche wie weibliche, werden am Morgen gepflückt und können zu Salaten und Speisen gemischt, in Teig gewendet oder mit Füllung gebacken werden.

Die weibliche Blüte sitzt auf dem dicken Fruchtknoten, die männliche auf einem dünnen Stiel.

Die hübschen gelben, nektarreichen Trichterblüten sind ein beliebter Tummelplatz für Insekten.

Sorten der gleichen Art im Umkreis von etwa 600–800 m angebaut werden. Die abends vor dem Aufblühen zugebundenen weiblichen Blüten werden am nächsten Morgen mit dem Pollen einer männlichen Blüte bestäubt (die weißen Blüten des Flaschenkürbis werden dagegen abends und nachts bestäubt). Dazu wird eine männliche Blüte der gleichen Sorte abgeflückt und der gelbe Blütentrichter entfernt. So lässt sich der Pollen auf die Narbe auftragen. Die weibliche Blüte muss bis zum nächsten Tag verschlossen bleiben. Offenes Abblühen mit Insektenbestäubung ist möglich, wenn im Umkreis von 600–800 m keine andere Kürbis- oder Zucchinisorte der gleichen Art wächst.

Kürbisfrüchte immer mit Stiel ernten. Den Stiel am besten mit einer Gartenschere abschneiden. Zucchini liefern nur jung geerntet zartes Gemüse.

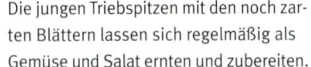

Die jungen Triebspitzen mit den noch zarten Blättern lassen sich regelmäßig als Gemüse und Salat ernten und zubereiten.

Vorsichtig mit Stiel ernten

Wer möchte, kann die ersten **jungen Kürbisfrüchte** bereits **ab Juli ernten** und wie Zucchini zubereiten. Die zarten Früchte lassen sich samt Schale und Kernhaus verwenden.
Sollen die Früchte für die **Wintermonate aufbewahrt** werden, müssen sie bis zur Ausreife an der Pflanze verbleiben. Je größer der Kürbis, um so länger ist in der Regel bei den Speisekürbissen ihre Reifezeit – frühreife Halloween-Sorten und die großen raschwüchsigen Giganten davon ausgenommen. Bei kleinfrüchtigen Sorten mit kurzer Reifezeit können bereits Ende August und im September die ersten ausgereiften Früchte geerntet werden.

Der Rat, einen ausgereiften Kürbis würde man an dem hohl klingenden Geräusch erkennen, wenn man auf die Frucht klopft, ist wenig sinnvoll. Das trifft nur bei Sorten mit großem Hohlraum, etwa Halloween-Sorten, zu. Das sicherste Zeichen der **Fruchtreife** ist der hart und holzig gewordene Fruchtstiel. Bei unausgereiften Früchten ist er grün und saftreich. Beim **Ernten** den Fruchtstiel am Spross mit einer Gartenschere abschneiden. Größere Kürbisse nicht am Stiel hochheben, denn bricht dieser ab, wird dadurch die Haltbarkeit wesentlich verringert.

Legen Sie beim **Transport** unter und zwischen die Früchte Kartons, um Druckstellen zu vermeiden und stapeln Sie die Früchte nicht zu hoch aufeinander. Am besten die Früchte mit ihrer noch nicht vollständig ausgereiften und noch sehr weichen und empfindlichen Schale vorsichtig und nahezu ähnlich sorgsam wie rohe Eier behandeln. Beseitigen Sie anhaftende Erde schonend mit einem nassen Tuch oder einer weichen Bürste.

Ungünstig auf die **Haltbarkeit** wirkt sich aus, wenn die Früchte zum Reinigen in ein Wasserbad gelegt, mit einem scharfen Wasserstrahl abgespritzt oder, wie im Erwerbsanbau üblich, in Gemüsewaschmaschinen gereinigt werden.

Durch eine **Mulchabdeckung** des Bodens oder **Unterlegen** von Brettchen, Kartons oder Stroh unter die heranwachsenden Früchte kann ihre Verschmutzung vermieden werden.

Die **günstigste Erntezeit** zum Einlagern der Früchte ist in klimatisch kühleren Gebieten die zweite September- und spätestens erste Oktoberhälfte. Nur im Weinbauklima kann auch später geerntet werden. Kürbis möglichst bei trockenem, sonnigwarmem Wetter und vor Beginn nasskalter Regenperioden ernten.

Geerntete Früchte 2–3 Wochen oder auch länger zur **Nachreife** in einen Raum bei etwa 20°C oder auf den Boden mit einer Fußbodenheizung legen. Für viele Sorten ist in unserem Klima die Zeit für das Wachstum der Pflanzen und Früchte gerade ausreichend. Wenn das äußere sichtbare Wachstum abgeschlossen ist, benötigen vor allem spät reifende Früchte noch einige Zeit für die innere Nachreife. Besonders in dieser Phase ist **ausreichend Wärme** erforderlich. Nur in südlichen Ländern mit langem Sommer und warmem Herbst können dazu die Früchte im Freien liegen. Sind

Nach der Ernte ist darauf zu achten, dass die Fruchtstiele gut austrocknen. Besonders in den weichen Stielen der Riesenkürbisse mit ihrer korkartigen Struktur kann sich oft unbemerkt Feuchtigkeit halten. Dadurch besteht die Gefahr, dass die Frucht am Stielansatz zu schimmeln und faulen beginnen.

Eine dicke Mulchschicht ist für Kürbispflanzen sehr vorteilhaft und verhindert die Verschmutzung der Früchte.

die Früchte einige Tage Temperaturen unter 10°C ausgesetzt, wird durch diese Unterkühlung der **Reifeprozess** gestoppt und die Haltbarkeit verringert. Bereits ein kurzer Hauch von **Frostluft** führt zum vollständigem Absterben der Pflanzen und bei den Früchten rasch zu Faulstellen. Spät angesetzte und nicht ausgereifte Früchte sollten deshalb bald in der Küche wie Zucchini zubereitet werden. Sie liefern ein zartes und delikates Gemüse, das auch roh sehr gut schmeckt.

Der Kürbis ist kein Kellerkind

Nur wenn die Früchte wie oben beschrieben bei ausreichender Wärme vollständig trocknen und nachreifen konnten, ist eine anschließende **Lagerung bei etwas kühleren Temperaturen** zwischen 10 und 15°C, eventuell auch kühler, problemlos möglich. Kürbisse dabei keinesfalls übereinander stapeln. Die Früchte am besten einzeln auf Kartons oder dicke Lagen Papier legen und etwas Zwischenraum zwischen den Früchten belassen. Besonders in einem Netz – luftig hängend – können sich einzelne Früchte außerordentlich lange halten. Auf diese Weise hat man den ganzen Winter das köstliche Gemüse zur Verfügung.

Vor allem eine zu **hohe Luftfeuchtigkeit im Lagerraum** verkürzt die Haltbarkeit. Die geringste Lagerfähigkeit zeigen Früchte, die direkt vom Garten oder Feld sofort in einen kühlen und feuchten Raum oder Keller gebracht werden. Sie können bereits nach wenigen Tagen zu schimmeln beginnen. Ein Kartoffelkeller-Klima ist zur Lagerung von Kürbissen völlig ungeeignet. Kürbis ist eine Frucht, die sich in **beheizten Wohnräumen** ausgesprochen wohl fühlt und sich dort bis zu seiner Verwendung und Zubereitung auch sehr praktisch und zugleich **dekorativ lagern** lässt. Es ist auch viel zu schade, die schönen bunten Früchte in einem Keller zu verstecken. Dank ihrer Schale

Richtig gelagert können Kürbisse viele Monate halten: als Unterlage dient Karton, niemals aufeinanderliegend sowie nicht zu kühl und feucht lagern.

Bei solchen hübschen herbstlichen Dekorationen ist gelegentliche Kontrolle der Früchte ratsam, um Früchte, die zu faulen beginnen, rechtzeitg zu entfernen.

und haltbaren Früchten satt-gesehen hat, kann sie zu guter letzt in der Küche zubereiten und verspeisen. Die bunten Riesenbeeren bieten wie sonst kein anderes Obst und Gemüse einen sehr dekorativen und ge-sunden Augen- und Gaumen-schmaus zugleich.

auf einen blick

- Bei wenig Platz buschig wachsende oder schwach rankende Sorten wählen.
- Für die Bepflanzung von Gefäßen auf Terrasse oder Balkon und zum Beranken von Klettergerüsten kleinfrüchtige Sorten wählen.
- Pflanzen im Topf vorziehen und vor Schnecken schützen.
- An der Pflanzstelle organischen Dünger oder reichlich Kompost flach einarbeiten.
- Mulchen reduziert den Unkraut-wuchs, spart Gießen und verringert die Verschmutzung der Früchte.
- Die inhaltsreichen Riesenbeeren rechtzeitig vor Frost oder Unter-kühlung ernten und warm und trocken lagern.
- Nicht vollständig ausgereifte oder beschädigte und damit nicht lange lagerbare Früchte bald in der Küche zu köstlichen Gerichten zubereiten.

verlieren die Früchte in der trockenwarmen Wohnungsluft kaum von ihren Inhaltsstoffen. Bei einigen Sorten erhöht sich sogar durch die Lagerung der Vitamingehalt. Bei dieser äußerst praktischen Vorratshaltung er-übrigt sich das Einmachen und Tiefgefrieren ganz von selbst.

Früchte regelmäßig kontrollieren

Zu beachten ist allerdings, dass Kürbisse, so schön sie sein kön-nen, auch verderblich sind. Oft wird zu spät bemerkt, dass die Frucht an der Unterseite zu schimmeln oder zu faulen be-ginnt. Um unschöne Flecken zu vermeiden, sollten Sie die

Früchte nicht direkt auf Holz-möbel und Holz- und Teppich-fußböden, sondern in Schalen, Körbe oder auf Unterlagen legen.
Regelmäßige Kontrolle auf **Faul-stellen** hilft schlimmeren Über-raschungen vorzubeugen. Die Kürbisse dazu alle 1–2 Wochen einmal kurz umdrehen und die Unterseite kontrollieren. Schwankt die Raumtemperatur, beginnen die Früchte zu schwit-zen. Auf kalten Pflasterböden können sie dadurch an der Un-terseite zu schimmeln beginnen. Kürbisse lassen sich wie sonst kein anderes Gemüse oder Obst zu **herbstlichen Dekorationen** in der Wohnung arrangieren. Wer sich an den dekorativen

Attraktion und Dekoration

Ob als leuchtende Halloween-Gespenster, als niedliche Kürbis-männchen oder einfach nur als herbstliche Zierde in Garten und Wohnzimmer – Kürbisse sind mehr und mehr im Kommen.

Die im Sommer häufig unbemerkt im Verborgenen unter den schützenden Blättern heranwachsenden Kürbisse werden nach ihrer Ernte vielerorts zur großen herbstlichen Attraktion. In ihrer bunten Farben- und Formenpracht und mit ihren oft sensationellen Ausmaßen schmücken sie Hauseingänge oder werden zur Schau gestellt. Und die kleineren Exemplare dienen vielfach als hübsche Wohnungsdekoration.

Sinnbild für Fruchtbarkeit aber auch Dummheit

Um den Kürbis ranken sich bereits seit Urzeiten die verschiedensten Mythen, Rituale und Bräuche. So verehrten zum Beispiel die Navajos-Indianer Nordamerikas den Kürbis zusammen mit Bohnen und Mais als heilige Pflanzen. Bei vielen indianischen Stämmen galten

Nur oberflächlich in die Schale eingeritzte Motive – der Kürbis ist trotzdem lange haltbar.

diese Pflanzen als drei Schwestern, die sie nährten und von deren Wachstum und Ernte ihr Wohlergehen abhing. Bei den Mayas war der Kürbis ein Helfer des Regengottes Chaac. Die Frauen der Pueblo-Indianer Neumexikos legten zu neugeborenen Mädchen einen Kürbis als Zeichen der Fruchtbarkeit. Nach seiner Ankunft in der zivilisierten Welt wurde der Kürbis bald zur Metapher für Vergänglichkeit und Dummheit. »Kürbis« wurde zum Schimpfwort. In unserer heutigen Zeit dienen Kürbisse ebenso wie viele andere Produkte häufig nur als Dekorationsartikel oder schmückendes Beiwerk bei herbstlichen Festen. Mancherorts werden inzwischen traditionelle Hof- und Dorffeste veranstaltet oder Wettbewerbe initiiert, die den Kürbis zum Mittelpunkt haben.

Halloween – dem Kürbis sei Dank

Wer heute das Wort »Halloween« hört, denkt dabei sofort an Kürbis. Dabei hat dieser ursprüng-

lich religiöse Brauch mit Kürbis überhaupt nichts zu tun – der Ursprung dieses Festes ist eine uralte Tradition der Kelten. Sie feierten mit dem Fest »Samhain« das Ende des Sommers (31. Oktober) und den Beginn des neuen Kalenderjahres (1. November), bedankten sich damit für die Ernte und bereiteten sich gleichzeitig auf die kommende Dunkelheit und Kälte des Winterhalbjahres vor. Nachdem alle Feuer in Haus und Herd gelöscht waren, entzündeten die Druiden aus Eichenholz neue »heilige« Feuer. Diese brannten nachts weithin sichtbar – wie zur Sommersonnenwende – auf Hügeln und Bergen.

◀ Auch zum Basteln eigen sich die bunten Speisekürbisse bestens. Sie lassen sich im Gegensatz zu den bitteren Zierkürbissen auch in der Küche vielfältig verwenden.

Aushöhlen und Schnitzen einer Kürbislaterne: Zuerst rund um den Stielansatz den Deckel aufschneiden.

Den Deckel abnehmen und mit einem Löffel das Kerngehäuse herausarbeiten.

Von dort nahm jede Familie ein Stück glühende Kohle für ihre eigene Feuerstelle im Haus mit, wobei ausgehöhlte Wurzeln als Transportbehälter dienten. Neben dem Dank für die eingebrachte Ernte spielte bei diesem Fest auch die Verbindung zu den Toten eine wichtige Rolle. Man glaubte, dass die Seelen der Verstorbenen in dieser Nacht zurückkämen, um ihre Angehörigen zu besuchen. Um dabei befürchtetes Unheil abzuwehren und böse Geister irrezuleiten, wurde das in der Wurzel glimmende Feuer im Freien aufgestellt.

Dieser Brauch hat sich in Irland lange Zeit bewahrt. Hier benutzte man als Behälter für die Glut jedoch ausgehöhlte Rüben. Eine alte Irische Sage erzählt, dass ein Schmied namens »Jack« sein Leben lang den Teufel beschworen und diesen auch überlistet hatte: Jack nahm ihm das Versprechen ab, nicht in der Hölle schmoren zu müssen. Doch nach seinem Tod war ihm auch der Himmel versperrt, worauf ihm der Teufel ein Stück glühende Kohle gab. Jack höhlte eine Rübe aus und legte seine glühende Kohle hinein. Seither durchstreift er ruhelos mit seiner Laterne als **»Jack of the Lantern«** die Welt.

Beim Aushöhlen der Rüben wurden die Iren mit der Zeit immer fantasievoller und schnitzten fratzenhafte Dämonengesichter aller Art. Auswanderer nahmen den Brauch mit nach Amerika, wo die Rüben durch die heimischen Kürbisse ersetzt wurden. Der einst friedliche Brauch artete im Lauf der Zeit aus und endete immer häufiger mit bösem Schabernack. Heute ziehen Kinder verkleidet von Haus zu Haus und rufen »Trick-or-treat«, was soviel bedeutet wie »Süßes oder Streiche«.

In der Welt der Erwachsenen wurde Halloween zum herbstlichen Karneval, und selbst Pfarrgemeinden laden zu Hexenfesten ein. Doch auch schon die christlichen Missionare hatten mit dem keltischen Brauch ihre Probleme. Nachdem die bekehrten Heiden nicht von ihrem alten Fest ablassen wollten, wurde der 1. November als Allerheiligentag und der 2. November als Allerseelentag erklärt. Aus dem altenglischen Wort »to hallow« – was soviel wie »heiligen« oder »weihen« bedeutet – leitete sich »All Hallows' Eve« und davon »Halloween« und »Allerheiligen« ab.

Dank einer globalen Konsumindustrie wird heute Halloween weltweit kommerziell vermarktet. Dazu findet man bereits ab Ende August neben allerlei Plastikramsch auch die dafür in Massen produzierten Kürbisse angeboten. Werden dann aus diesen Früchten mit ihrem faden und schwammigen Fruchtfleisch Kürbisgerichte oder Suppe ge-

Gesicht (Augen, Nase, Mund) aufzeichnen. Werden die Öffnungen zu groß, bricht der Kürbis leichter zusammen.

Das vorgezeichnete Gesicht vorsichtig mit einem spitzen Messer ausschneiden.

kocht, hält sich die Begeisterung meistens sehr in Grenzen. Wer den gravierenden Unterschied zu den guten festfleischigen Speisekürbissen kennt, wird kaum noch aus einem Halloween-kürbis ein Gericht zubereiten.

Auf diese Weise lassen sich nicht nur Halloween-Gespenster sondern auch fantasievolle Laternen mit Mustern aller Art gestalten, die Garten und Balkon in zau-

berhaftes Licht hüllen. Und wenn Sie den Kürbisstiel nach vorne schauen lassen, bekommt das Gesichtchen sogar eine richtige Nase.

Wie bastelt man einen Halloweenkürbis?

- Den oberen Teil des Kürbis ab-schneiden und als Deckel auf-bewahren,
- das Fruchtfleisch herauskrat-zen (Löffel, stumpfes Messer),
- Wanddicke sollte etwa 2–3 cm betragen,
- mit Filzstift das Gesicht ein-zeichnen und die Muster mit einem spitzen Messer aus-schneiden,
- den aufbewahrten Deckel mit einem Luftloch versehen, auf-setzen und
- ein brennendes Teelicht in den Kürbis stellen – schaurig schön!

Ein originell dekorierter Kürbiskopf. Wird innen eine Kerze oder ein Teelicht entzün-det, muss oben Deckel oder Hut abgenommen werden.

Zauberhafte Kürbiskreationen

Wer einen Kürbis zum Basteln einer Laterne aufschneidet und aushöhlt, ist oft sehr enttäuscht, wenn das mit viel Liebe gestaltete Kunstobjekt bereits nach wenigen Tagen zu schimmeln und zu faulen beginnt. Alle Versuche, die Haltbarkeit eines angeschnittenen Kürbis zu verlängern, sind untauglich. Dabei gibt es eine ganz simple Möglichkeit, kunstvoll bearbeitete Kürbisse herzustellen, die sich über sehr lange Zeit oder manchmal sogar endgültig vor dem raschen Verfall bewahren lassen. Der Trick besteht darin, dass dabei der Kürbis nicht aufgeschnitten sondern nur die Schale oberflächlich angeritzt wird. Dazu ist jeder Kürbis geeignet. In die Schale lassen sich alle beliebigen Formen und erdenklichen Muster ritzen, zum Beispiel freundli-

Ein nur oberflächlich an der Schale geritzter Kürbis kann auch kunstvoll bemalt werden und ist lange haltbar.

che oder schaurige Gesichter, Tiersymbole, eckige und runde, symmetrische oder freie Formen, Sonne, Mond und Sterne, Zahlen und auch Namen oder Wörter. Als Werkzeug ist ein spitzes und nicht zu großes Küchenmesser geeignet. Sehr vorteilhaft ist ein Linolschnitzmesser. Damit können selbst Kinder mit etwas Geschick und Übung vorher aufgezeichnete Motive oder Namen in die Schale einritzen. Das erstaunlichste ist dabei, dass dem Kürbis dadurch in der Regel kein Schaden entsteht. Der Kürbis darf jedoch wirklich nur oberflächlich etwa 1 mm tief angeritzt werden.

Wird der bearbeitete Kürbis in einem beheizten Raum aufbewahrt, trocknet die Schnitt-

fläche rasch ein und der Kürbis mit dem Muster ist in den meisten Fällen erstaunlich lange haltbar. Nur bei kühlem und feuchtem Klima, vor allem im Freien, kann sich an der Schnittfläche schnell Schimmel bilden. Die Schnittflächen können auch nach einigen Stunden oder Tagen, sobald sie eingetrocknet sind, mit Farben bemalt werden, und besonders bei den kleinen bis mittelgroßen Früchten besteht die Möglichkeit, dass sie – ähnlich wie Kalebassen – langsam vollständig austrocknen und dauerhaft haltbar werden. Diese Art der Kürbisbearbeitung bietet viele kreative Möglichkeiten und bereitet Jung wie Alt großen Spaß.

Geritzter Kürbis

Eine ganz besondere Attraktion liefern Kürbisse, die bereits während ihres Wachstums einige Wochen vor ihrer Ernte angeritzt werden. Dazu wird die noch sehr weiche Schale nur mit der Spitze eines Messers vorsichtig etwa 1 mm tief eingeschnitten. Der Kürbis bleibt bis zur Ausreife an der Pflanze. Dort, wo die Schnitte erfolgen, bilden sich durch den anschließenden Heilungsprozess deutlich sichtbare Vernarbungen. Das eingeritzte

Wer die grimmigen Kürbisfratzen nachts vor der Haustüre zum Leuchten bringen will, muss den Kürbis dazu aufschneiden und aushöhlen. Nur so ist im Inneren Platz für eine brennende Kerze oder ein Teelicht. Doch der ausgehöhlte Kürbis hält leider meist nur wenige Tage.

Muster oder der Schriftzug hebt sich dann durch die entstehende dicke Vernarbung deutlich hervor.

Bunte aber bittere Zierkürbisse

Als Zierkürbisse werden eigentlich nur diejenigen Kürbisse bezeichnet, die sich nicht zum Verzehr eignen. In der Regel sind dazu die kleinen, etwa faustgroßen, meistens grün-gelb gestreiften und häufig warzigen Früchte zu zählen. Sie besitzen eine holzige Schale und trocknen gewöhnlich bald völlig aus. Dadurch sind sie sehr haltbar und ein hübscher Schmuck in der Wohnung.

Kürbisse bieten für Jung und Alt unbegrenzte Möglichkeiten, sich kreativ zu beschäftigen.

An einem an der Pflanze befindlichen Kürbis einige Wochen vor der Ernte mit einer Messerspitze eingeritztes Motiv.

Der Begriff Zierkürbis hat keinerlei systematische oder botanische Bedeutung. Allerdings ist diese Bezeichnung im Saatguthandel wichtig. Samen von Zierkürbissen unterliegt nicht den strengen Bestimmungen, die bei Gemüsesaatgut gelten. Bei der Züchtung neuer Sorten werden gelegentlich Wildformen von *Cucurbita texana* eingekreuzt. Diese enthalten den giftigen Bitterstoff Cucurbitacin. Bitterstoffhaltige Kürbisfrüchte sind ungenießbar. Ihr Verzehr kann zu Durchfall und Vergiftungen führen. Zwar verspeist kaum jemand die holzigen und bitteren Zierkürbisse, doch beim Anbau im Garten kann es bei der Bestäubung durch Insekten zu Kreuzungen von bitteren Zierkürbissen mit Gartenkürbissen und Zucchini kommen. Wird von diesen Früchten dann Saatgut entnommen und wieder angebaut, können die geernteten Speisekürbisse Bitterstoffe enthalten, ähnlich wie es auch bei Gurken gelegentlich vorkommt. Weil sich die verschiedenen Kürbisarten untereinander nicht kreuzen, sind Moschuskürbisse und Riesenkürbisse dabei nicht gefährdet.

Bedauerlicherweise wird aber im Saatguthandel Samen von Speisekürbissen häufig als »essbare Zierkürbisse« deklariert, sinnvoller wäre es, die hübschen essbaren Kürbisse als »dekorative Speisekürbisse« zu bezeichnen. Mit den Zierkürbissen lassen sich hübsche Herbstdekorationen arrangieren, die sich sehr lange in der Wohnung halten. Allerdings sollten sie keine Verletzungen haben, aufgespießt auf Blumendraht beginnen sie leider meist sehr schnell zu faulen und müssen in den Abfall. Unversehrte Früchte dagegen können Sie sogar lackieren – am besten mit Sprühlack – und zusammen mit zum Beispiel Kastanien, buntem Laub und herbstlichen Blumen in einer hübschen Schale zur Attraktion des Wohnzimmers werden lassen.

Den 1. Platz bei der Deutschen Meisterschaft 2002 im Kürbiswiegen in Ludwigsburg erreichte ein Kürbis mit 298 kg. Der italienische Europameister brachte einen Kürbis von 341 kg auf die Waage.

Kürbisrekorde aus aller Welt

In den USA haben Kürbis-Wettbewerbe eine lange Tradition. Saatgutzüchter liefern dafür eigene Sorten. Einer der bekanntesten Züchter ist Howard Dill. Wer Riesenkürbisse ernten will, schwört auf die Sorte 'Dill's Atlantic Giant'. Immer wieder werden damit Rekordergebnisse erzielt.

1996 bot die World Pumpkin Confederation die stattliche Summe von 50.000 US-Dollar für einen Kürbis, der die sensationelle Grenze von 1.000 Pfund Gewicht (456 kg) übertrifft. Inzwischen wurde bereits mehrfach die Marke von 500 kg übertroffen. Für den ersten Kürbis, der 1.500 Pfund Gewicht erreicht, hat die World Pumpkin Confederation 100.000 US-Dollar Preisgeld in Aussicht gestellt. Verständlich, dass bei diesem Angebot alles getan wird, der Erste zu sein.

Tipps für Rekordgrößen

Soll ein Kürbis mit rekordträchtiger Größe erzielt werden, darf dabei nichts dem Zufall überlas-

So wie bereits seit vielen Jahren in anderen Ländern werden auch hierzulande immer häufiger herbstliche Kürbisfeste oder -märkte veranstaltet.

Solche eigens herangezogenen und prämierten Giganten sind in unserem Klima nicht zu erreichen.

sen bleiben. Als erstes ist die Wahl der Sorte wichtig. Die Namensgebung »Riesenkürbis« bzw. *Cucurbita maxima* wird spätestens jetzt überdeutlich. Dann folgen die Wachstums- und Klimabedingungen: Die entscheidende Gewichts- und Größenzunahme erreichen die Früchte in der Zeit von Mitte Juli bis Mitte September. Nur in Gegenden, in denen zu dieser Zeit möglichst ausgeglichene und gleichbleibende Temperaturen herrschen, wachsen die Früchte unaufhaltsam heran. Schlechtwetterphasen und nächtliche Abkühlung verlangsamen oder stoppen das Wachstum, und schon ist die Frucht aus dem Rennen.

Die Jungpflanzen werden rechtzeitig vorgezogen und der Boden an der vorgesehenen Pflanzstelle reichlich mit organischem Dünger verbessert. Für die Bestäubung der weiblichen Blüte, an der die Rekordfrucht heranwachsen soll, wird eine männliche Blüte von einer anderen ausgesuchten Pflanze einer Rekordsorte verwendet. Um Fremdbestäubung durch Insekten zu verhindern, wird die weibliche Blüte, kurz bevor sie sich öffnet, mit einem Klebeband verschlossen. Zur Handbestäubung wird die Kürbisblüte am nächsten Morgen geöffnet und der Blütenstaub der männlichen Blüte auf die Narbe aufgetragen. Dann wird die Blüte wieder verschlossen. Zur Sicherheit werden mehrere Blüten bestäubt. Am rasch größer werdenden Fruchtknoten wird sichtbar, ob die Bestäubung gelungen ist.

Nun gilt es, den Fruchtansatz im Auge zu behalten. Der beste Fruchtansatz wird sorgfältig ausgesucht und alle anderen entfernt. Die heranwachsende Frucht muss so liegen, dass später der Spross nicht beeinträchtigt oder gar von der Riesenfrucht abgequetscht wird, da sonst die Wasser- und Nährstoffzufuhr behindert würde.

Damit die Pflanze möglichst viele Nährstoffe aufnehmen kann, wird darauf geachtet, dass die Triebe an den Blattachseln durch Bodenkontakt neue Zusatzwurzeln ausbilden. Die Düngung erfolgt am besten kontinuierlich dem Bedarf angepasst, eventuell mit einer automatischen Wasserversorgung. Zum Gießen wird angewärmtes Wasser verwendet.

Doch all das genügt oft noch nicht. Als weiterer Geheimtipp wird zum Beispiel empfohlen, in die hohlen Blattstiele zusätzlich spezielle Nährstofflösungen einzuträufeln. Die Rekordfrüchte hängen somit buchstäblich am Tropf. Ohne diesen Aufwand liefern Kürbispflanzen Früchte mit etwa maximal 50 kg Gewicht. Aber das sind im Normalfall ja auch schon kleine Sensationen.

auf einen blick

- Kürbis liefert mehr als nur eine kurze herbstliche Dekoration.
- Oberflächlich an der Schale angeritzte Kürbisse sind lange haltbar und trotzdem noch als Gemüse verwendbar.
- Zierkürbisse können Bitterstoffe enthalten und sind nicht essbar.

Geniale und inhaltsreiche Riesenbeere

Die bunten und formenreichen Speisekürbisse dienen nicht selten als reine Dekorationsobjekte. Dabei gibt es vielfältigste Möglichkeiten, diese Schönheiten in der Küche als Delikatesse zu verarbeiten.

Durch seine gute Lagerfähigkeit steht Kürbis ganzjährig in der Küche zur Verfügung.

Dass diese in der Wohnung lagerbaren Früchte auch ausgezeichnete Gerichte liefern und gut schmecken, spricht sich immer mehr herum. Doch über ihre Inhaltsstoffe und den gesundheitlichen Aspekt bei der Verwendung und Zubereitung als Gemüse ist allgemein noch viel zu wenig bekannt.

Das Multitalent Kürbis

Kürbis besitzt neben all den bereits bekannten positiven Eigenschaften gleichzeitig viele **wertvolle Inhaltsstoffe.** Er kann als geniales Multitalent bezeichnet werden, und sein gesundheitlicher Aspekt verdient weit größere Beachtung als ihm bisher zuteil wurde. Allerdings können je nach Sorte und Reifegrad die Inhaltsstoffe größeren Schwankungen unterliegen.

◀ Kürbis lässt sich sehr vielfältig und abwechslungsreich zubereiten und mit fast allen Nahrungsmitteln kombinieren.

Kürbis enthält wenig Eiweiß, Fett und Kohlenhydrate und ist dadurch wie andere Fruchtgemüse **sehr kalorienarm.** Das enthaltene Eiweiß ist sehr hochwertig und fördert die Insulinproduktion. Gegartes Kürbisfleisch ist **leicht verdaulich** und **ballaststoffreich** und sehr gut als Reduktionskost geeignet. Das im Kürbis enthaltene Citrullin fördert die Ausscheidung von Stoffwechselabbauprodukten und die **Entgiftung.** Auffallend ist der **hohe Kaliumgehalt.** Kalium wirkt entwässernd und entschlackend und reguliert das Säure-Basengleichgewicht sowie den Wasserhaushalt in unserem Körper. Der **geringe Natriumgehalt** macht den Kürbis zu einer salzarmen Kost und wertvollen **Diätspeise** besonders bei der Behandlung von Bluthochdruck, Blasen- und Nierenleiden. Der häufig als fad empfundene Geschmack von gegartem Kürbis beruht auf seinem geringen Natriumgehalt. Das Kalium-Natrium-Verhältnis dient einer gesunden Ernährung. Darüber hinaus enthält Kürbis

die **Spurenelemente** Eisen, Fluor, Jod, Kupfer, Mangan, Molybdän, Selen und Zink.
Was Kürbisgemüse den gesundheitliche hohen Wert verleiht, ist die **ausgewogene Zusammensetzung** an Mineralstoffen, Spurenelementen, Vitaminen und bioaktiven Substanzen. Kürbissorten mit kräftig orangem Fruchtfleisch können auffallend viel **Beta-Carotin** enthalten und dabei Möhren weit übertreffen. Die Karotine wirken ebenso wie die reichlich enthaltenen Vitamine C und E als zellschützende Antioxidansien. Sie binden freie Sauerstoff-Radikale und können dadurch der Bildung von Tumoren sowie Ablagerungen an den Herzkranzgefäßen vorbeugen.

Den grünlichen Kernen des Ölkürbis fehlt die weiße holzige Schale. Sie liefern eine köstliche und gesunde Knabberei.

Gehaltvolle Kürbiskerne

Dank ihrer wertvollen Inhaltsstoffe liefern Kürbiskerne seit jeher eine gesunde und nahrhafte **Knabberei.** Die Ureinwohner Amerikas sammelten die Früchte von den wild wachsenden Pflanzen wegen ihrer nahrhaften eiweiß- und fettreichen Kerne.

Inhaltsstoffe der Kürbiskerne	
100 g Kürbiskerne enthalten	
Fett	45 g
Eiweiß	25 g
Ballaststoffe	8 g
Mineralstoffe	5 g
Wasser	2 g
Kohlenhydrate	14 g
Energie	600 kcal
Vitamin E	20–30 mg

Grundsätzlich können alle Kerne der Speisekürbisse gegessen werden. Sehr ergiebig sind die großen und dicken Samen der **Riesenkürbisse.** Um an den **essbaren** Kern zu gelangen, muss nur die umgebende holzige Schale geknackt und entfernt werden. Diese Schale schützt den Kern ausgezeichnet. Die damals von den Menschen gesammelten Kerne waren damit für Notzeiten lange lagerbar.

In der Steiermark wird aus den Kernen bereits seit Jahrhunderten das köstliche Kürbiskernöl gepresst. Anfangs wurden dafür nur beschalte Kerne verwendet, so wie es heute noch in einigen Ostländern der Fall ist. Etwa um 1870 wurde eine schalenlose oder nacktsamige Mutante eines Gartenkürbis entdeckt. Heute werden die daraus hervorgegangenen Sorten als **Ölkürbisse** angebaut.

Arzneimittelfirmen sind wichtige Abnehmer der Kürbiskerne. Daraus hergestellte Extrakte, die bei **Prostata- und Blasenbeschwerden** auch ärztlich verordnet werden, sind in Apotheken erhältlich. Ein regelmäßiger Verzehr von mindestens 1–2 Esslöffel Kürbiskernen täglich über eine längere Dauer (Wochen oder Monate) kann bei gutartigen Vergrößerungen der Prostata und bei Blasenbeschwerden vorbeugend und heilend wirken. Die Kerne und das daraus gepresste Öl enthalten besonders viel Vitamin E. Dieses natürliche Antioxidans verhindert, dass die Fettsäuren oxidieren bzw. ranzig werden und schützt die Zellen vor vorzeitigen Alterungsprozessen.

Kürbis als Nahrungsmittel

- ist leicht bekömmlich und verdauungsanregend,
- liefert eine milde natriumarme Diät- und Reduktionsspeise,
- hat eine blutreinigende und entschlackende Wirkung,
- wirkt harntreibend und gegen Wasseransammlungen,
- unterstützt die Behandlung von Bluthochdruck, Herz- und Nierenleiden.

Grünes Gold Kürbiskernöl

Kürbiskernöl selbst herzustellen ist nicht üblich, da hierfür Spezialgeräte wie Pressen etc. notwendig sind. Trotzdem soll hier dieses äußerst gesunde Öl kurz vorgestellt werden.

Durch das Rösten der Kerne vor der Pressung erhält das Öl eine dunklere Farbe und einen sehr **nussigen Geschmack.** Das sehr geschmacksintensive Öl sollte anfangs, wenn es einem noch nicht vertraut ist, sehr sparsam

Aus den Kernen des Ölkürbis wird das hochwertige Kürbiskernöl gewonnen.

Kürbiskernöl enthält

- 50–65 % hochwertiges, leichtverdauliches Fett,
- 25–40 % hochwertiges, leichtverdauliches Eiweiß,
- die Vitamine A (Betakarotin), B1, B2, C und E,
- die Spurenelemente Kupfer, Mangan, Selen, und Zink.

Fettsäurezusammensetzung im Kürbiskernöl:

- 15–40 % einfach ungesättigte Ölsäure.
- 35–60 % essentielle, zweifach ungesättigte Linolsäure,
- 1–5 % dreifach ungesättigte Linolensäure,
- 10–15 % gesättigte Palmitinsäure,
- 3–6 % gesättigte Stearinsäure.

verwendet werden. Es kann zu fertig zubereiteten **Salaten** und Speisen je nach Geschmack dazugegeben werden. Zum Erhitzen in der Pfanne ist es nicht geeignet.

Inzwischen bauen auch einige Landwirte in Süddeutschland Ölkürbisse mit Erfolg an und bieten ein naturbelassenes helles und milder schmeckendes Öl aus ungerösteten Kernen an. Der Anteil wertvoller einfach und mehrfach ungesättigter **Fettsäuren** ist im Kürbiskernöl mit etwa 80% sehr hoch. Der **hohe Vitamin E-Gehalt** macht es zusätzlich gesundheitlich sehr wertvoll.

Verwendung und Zubereitung in der Küche

Bevor ein Kürbis in der Küche verwendet und zubereitet wird, muss er aufgeschnitten werden. Wer damit noch wenig oder keine Übung hat, ist oft ziemlich überrascht, wieviel Widerstand ein festfleischiger Kürbis dabei bieten kann.

Von weniger kräftigen Personen ist nicht selten zu hören, dass es ihnen nicht möglich sei, den Kürbis wegen der harten Schale aufzuschneiden. Doch eine harte Schale ist bei Kürbissen selten anzutreffen. Was das Aufschneiden wirklich erschwert, ist das trockene und oft erstaunlich feste Fruchtfleisch.

Verursacht das Zerteilen mit dem Messer Mühe und Anstrengung, ist das ein sehr positives Zeichen für ein qualitativ gutes Fruchtfleisch. Früchte mit weichem Fruchtfleisch, wie z. B. Halloween-Sorten, lassen sich selbst von Kindern mühelos schneiden.

Aus dem halbierten Kürbis werden Kerne und Fasern mit einem Löffel entfernt.

Hartschalige Früchte auf den Boden fallen lassen. Sie platzen in zwei Hälften.

100 g Kürbisfruchtfleisch enthält je nach Sorte und Reifegrad etwa	
Wasser	80–95 g
Kohlenhydrate	5,5 g
Eiweiß	1 g
Fett	0,1 g
Rohfaser	0,5–1,5 g
Energie	25 kcal
Kalium	400–600 mg
Phosphor	45 mg
Kalzium	30 mg
Magnesium	8 mg
Natrium	1 mg
Karotine	2–12 mg
Vitamin C	12 mg
Vitamin E	1 mg
Vitamin B1	0,05 mg
Vitamin B2	0,07 mg
Vitamin B5	0,50 mg
Vitamin B6	0,10 mg

Doch wer gute Speisen und Gerichte aus Kürbis zubereiten möchte, sollte diese weichfleischigen und oft wässrigen Früchte dafür nicht verwenden.

Das Zerteilen festfleischiger Kürbisse

Wer einem festfleischigen Kürbis zu Leibe rücken will, benötigt dazu ein möglichst **großes und scharfes Messer.** Es sollte eine spitze und sehr stabile Klinge besitzen. Vom Kürbis ist als erstes der **Stiel** zu entfernen. Entweder drückt man dazu mit dem Handballen kräftig gegen den Stiel, bis er am Fruchtansatz wegbricht, oder man drückt den Kürbis mit dem Stiel nach unten auf eine Unterlage, z. B. Tisch oder Arbeitsplatte. Nun wird der Kürbis mit seiner flachen Seite auf eine stabile Arbeitsfläche gelegt. Er soll nicht wegrollen, wenn versucht wird, das Messer von oben durch den Kürbis hindurchzudrücken. Oft ist es erforderlich, mit der zweiten Hand auf den Rücken der Messerklinge zusätzlichen Druck auszuüben. Wer kein geeignetes Messer zur Hand hat oder zuwenig Kraft zum Durchschneiden aufbringt, kann sich mit einem leichten **Trick** helfen. Man nimmt den Kürbis und lässt ihn aus etwa 1 m Höhe auf einen Stein- oder Pflasterboden fallen. Gewöhnlich zerspringt er in zwei Teile oder bekommt zumindestens einen Riss. Nun kann er mit dem Messer vollends zerteilt werden. Aus dem Kernhaus der beiden Hälften werden mit einem Löffel

Der geputzte und geviertelte Kürbis wird in daumendicke Segmente geschnitten.

Dünnschalige Kürbisse können mit dem Sparschäler geschält werden.

Die geschälten Segmente werden in Stücke oder Würfel geschnitten.

die **Kerne und weichen Fasern** entfernt. Falls erforderlich, können die Hälften in Viertel oder etwa daumendicke Segmente zerteilt werden.

Soll die Frucht geschält werden, lassen sich die handlichen Viertel und Segmente weichschaliger Früchte mit dem **Spar- oder Kartoffelschäler** schälen. Nur bei hart- und dickschaligen Früchten ist dazu ein Küchenmesser nötig. Bei frisch und jung geernteten und vor allem gelb-, orange- und rotfarbenen Früchten mit dünner Schale ist das Schälen meistens entbehrlich.

Liefert der Kürbis mehr Fruchtfleisch als im Augenblick benötigt wird, kann der Rest einige Tage in einem **kühlen Raum** oder im **Kühlschrank** gelagert werden. Ist nach einigen Tagen die

Schnittfläche eingetrocknet, wird vor der weiteren Verwendung zuerst eine dünne Scheibe abgeschnitten. Darunter kommt das Fruchtfleisch wieder frisch zum Vorschein.

Die verschiedenen Garmethoden

Garen im Backrohr: Die vom Kernhaus befreiten und geputzten Hälften, Viertel oder Segmente können auf einem Backblech im Ofen je nach Größe etwa 40–60 Minuten bei 180–200 °C gegart werden. Bei hart- und dickschaligen und vor allem runzeligen Früchten ist es sinnvoller, sie mit der Schale zu garen. Anschließend kann das weich gegarte Kürbisfleisch bequem mit einem Löffel von der Schale ge-

löst und weiter verarbeitet oder die Schnitze nach Geschmack gewürzt und gleich zum Essen serviert werden.

Die Kürbisstücke sind im Dämpfer in kurzer Zeit gegart.

Garen im Dämpfer: Die geschälten Segmente in Stücke schneiden und in einem Gemüsedämpfer ja nach Größe 10–15 Minuten im Dampf weichgaren.
Garen im Kochtopf: Kürbisstücke zusammen mit wenig Wasser 10–15 Minuten weichgaren.
Garen in der Mikrowelle: Je nach Festigkeit und Größe sind die Kürbisstücke in etwa 4–8 Minuten gegart.

Mit einem Löffel wird das weich gegarte Kürbisfleisch aus der Schale geschabt.

Hier wurde gegartes Kürbisfleisch als Püree zubereitet.

Herstellung von Kürbispüree

Das im Backrohr, Dämpfer, Kochtopf oder in der Mikrowelle weichgegarte Kürbisfleisch in eine Schüssel geben und mit dem **Stabmixer** pürieren. Ein besonders feines Püree erhält man, wenn das Fruchtfleisch durch ein Sieb gestrichen wird. Das so gewonnene Kürbispüree kann bei der Herstellung von **Nudeln** und **Spätzle** und dem Backen von **Brot** und anderen

Das frisch hergestellte Kürbispüree kann mit etwas Butter, Öl und Salz süß oder pikant abgeschmeckt und anstelle von Kartoffelpüree serviert werden. Kürbispüree ist auch in der Babyernährung eine gute Alternative zum Karottenbrei.

Backwaren weiterverwendet werden (siehe Rezepte ab Seite 76).
Wird von einem großen Kürbis mehr Püree hergestellt als im Augenblick verwendet wird, kann die restliche Menge **tiefgefroren** werden. Beim Tiefgefrieren zieht es Feuchtigkeit. Wenn nötig, beim Auftauen in ein Sieb zum Abtropfen geben.
Der im Backrohr gegarte Kürbis ergibt ein relativ trockenes, das im Wasser gegarte Fruchtfleisch ein wässrigeres Püree. Es kann nach dem Garen in ein Sieb zum Abtropfen gegeben werden.

Im Ofenrohr gebackener Kürbis

Dafür eignen sich die kleinen faustgroßen Gartenkürbisse

und auch die Riesenkürbisse mit Maronigeschmack besonders gut. Die halbierten oder in daumendicke Segmente geschnittenen Kürbisse können sehr praktisch **mit Schale gegart** werden. Die halbierten oder evtl. geviertelten und geputzten Kürbisse an den Schnittflächen mit Butter oder Öl bestreichen und mit Salz, Pfeffer und anderen Gewürzen nach Geschmack würzen. Die Hälften, Viertel oder Schnitze auf einem Blech oder in einer flachen Gratinform im Backrohr bei 180–200°C je nach Größe 30–60 Minuten garen, bis sie weich sind. Warm servieren und nach Geschmack nachwürzen. Das weich gegarte Kürbisfleisch lässt sich bequem mit einem Löffel aus der Schale heraus verkosten. Als Variante kann geriebener Käse in die Hälfen oder über die Schnitze gestreut und mit **überbacken** werden, bis der Käse geschmolzen ist. Die Kürbishälften lassen sich auch gut mit verschiedensten **Füllungen** zubereiten.

Grundsätzlich lassen sich auf diese Weise alle festfleischigen und auch größeren Kürbisse sehr einfach im Backrohr garen. Große Früchte können dazu vorher geviertelt oder in daumendicke Segmente geschnitten werden. Wenn im Backrohr Fleisch gebraten wird, liefern gleichzeitig mitgeschmorte Kürbisschnitze eine köstliche Beilage. Besonders Früchte der **Riesenkürbisse,** die gegart ein feines Maronen-Aroma entfalten, ergeben dabei eine sehr delikate Beilage oder auch eine kleine ausreichende Mahlzeit.

Kürbissuppe in Variationen

Weichfleischige Kürbisse verkochen ebenso wie junge Zucchini schnell zu einem Brei oder Mus. Aus ihnen lässt sich zwar schnell und einfach Suppe bereiten, doch auch dafür lohnt die Verwendung einer festfleischigen Sorte.

Dazu werden in einem Topf in etwas Öl kleingeschnittene Zwiebeln und evtl. Knoblauchzehen angedünstet und nach 2–3 Minuten die Kürbiswürfel dazugegeben. Nach kurzem Andünsten mit Brühe – evtl. Hühner- oder Rinderbrühe – aufgießen und etwa 10 Minuten köcheln lassen. Die gegarten und weichen Kürbisstücke lassen sich mit einem **Kartoffelstampfer** zerdrücken oder mit dem **Stabmixer** pürieren.

Zum **Würzen** eignen sich frische Gartenkräuter und südländische oder asiatische Gewürze. Besonders gut mit Kürbis harmonieren Curry, Ingwer, Pfeffer, Chinagewürz, Muskat, Lorbeerblätter, Thymian, Worcestershiresauce und zum Abschmecken Sojasauce.

Zum Ausgleich des geringen Natriumgehaltes des Kürbisfleisches ist die Verwendung von **Kräuter- oder Meersalz** angebracht. Soll aus gesundheitlichen Gründen eine salzarme Kost bevorzugt werden, verwendet man anstelle von Salz reichlich Kräuter und Gewürze.

Als **Suppeneinlage** bieten sich geröstete Weißbrotcroutons und angebratene Champignons oder Pfifferlinge an. Zerbröckelter **Blauschimmelkäse,** kurz in der Suppe mit erwärmt, gibt eine deftige Geschmacksvariante. Ein Klecks **Sauerrahm,** süße Sahne oder Creme fraiche verfeinert den Augen- und Gaumenschmaus. Wer möchte, streut Kürbiskerne darüber, evtl. in einer Pfanne kurz angeröstet, oder gibt einen Schuß Kürbiskernöl dazu.

Grundsätzlich lässt sich aus jedem Kürbis Suppe zubereiten. Doch wie schon erwähnt, ist auch hier die Verwendung eines Kürbis mit festem und trockenem Fruchtfleisch anstelle einer wässrigen Frucht zu empfehlen. Das Ergebnis ist eine sämige und viel schmackhaftere Kürbissuppe, von der auch eingefleischte Kürbisverächter begeistert sein werden.

Kürbissuppe lässt sich vielfältig zubereiten und nach Belieben würzen.

Rezepte für die Kürbisküche

(Mengenangaben für 4 Personen)

Die Zubereitung kann ganz nach Belieben und Geschmack sehr variabel erfolgen. Wer diesen Vorteil erst entdeckt hat, wird immer wieder neue Kürbisgerichte ausprobieren. Weil Kürbis generell einen schwachen bzw. neutralen Eigengeschmack hat, ist es grundsätzlich möglich, ihn bei der Zubereitung mit jeder anderen Gemüseart zu kombinieren.

In Olivenöl weich gebratene Kürbisscheiben können in Marinade eingelegt als Vorspeise serviert werden.

Vorspeisen

 Marinierter Kürbis

Zutaten: *750 g Kürbis, in 5 mm dicke Scheiben geschnitten • 1 mittelgrosse Zwiebel, in dünne Streifen geschnitten • grobes Meersalz • Olivenöl zum Fritieren • 1 1/2 TL Zucker • 5 EL Weißweinessig • 3/4 TL Salz • 1/2 TL frisch gemahlener schwarzer Pfeffer • 6 Zweige frische Minze, grob gehackt*
Zubereitung: Kürbisscheiben leicht mit dem Meersalz bestreuen. Olivenöl in einen Topf geben und nicht zu stark erhitzen. Kürbisscheiben portionsweise 5 Minuten von beiden Seiten goldgelb fritieren. Die Scheiben auf Küchenpapier abtropfen lassen. Hitze reduzieren und das Öl bis auf etwa 3 EL aus dem Topf gießen. Zwiebel hineingeben, mit Zucker bestreuen und unter Rühren 15 Minuten goldbraun braten. Essig und 4 EL Wasser zufügen und unter ständigem Rühren kochen, bis die Flüssigkeit auf die Hälfte reduziert ist. Kürbisscheiben auf einem Teller anrichten, salzen und pfeffern, den Sud darüber geben und mit der Minze bestreuen. Abkühlen lassen und zimmerwarm servieren.

 Kürbis mit Schafskäse

Zutaten: *500 g Kürbis, in kleine Würfel geschnitten • 1 große Zwiebel, kleingeschnitten • 1 Knoblauchzehe, zerdrückt • 1 TL Thymian • 3–4 EL Olivenöl • Salz • Pfeffer • 150 g Schafskäse, zerbröckelt*
Zubereitung: Kürbis mit Zwiebel, zerdrückter Knoblauchzehe und Thymian in heißem Öl knapp weichdünsten. Mit Salz und Pfeffer gut abschmecken. Zerbröckelten Schafskäse darüber geben und sofort servieren.

Kürbis Saltimbocca

Zutaten: *300 g festfleischiger Kürbis • 150 g saftiger roher Schinken (nicht luftgetrocknet) • frische Salbeiblätter • 2 EL Olivenöl*

Zubereitung: Kürbis putzen und in knapp 1 cm dicke, etwa daumengroße Stücke schneiden. Kürbisstücke mit einem Salbeiblatt und Schinken umwickeln. In einer Pfanne mit dem Olivenöl bei geringer Hitze schmoren lassen, bis der Kürbis weich ist. Stücke einmal wenden. Damit der Schinken nicht austrocknet, nicht zu hoch erhitzen.

Kürbis-Frittata

Zutaten: *250 g Kürbis • 1 Zwiebel • Salz • Pfeffer • 8 Eier • 4 EL Olivenöl • frische Kräuter nach Geschmack (Petersilie, Ysop, Schnittlauch)*

Zubereitung: Zwiebel fein hacken, Kürbis in sehr kleine Würfelchen schneiden. In einer Pfanne mit 2 EL Olivenöl den Kürbis und die Zwiebel bei niedriger Temperatur weichschmoren lassen. Mit Salz und Pfeffer würzen. Aus der Pfanne nehmen und etwas abkühlen lassen. Eier verquirlen und den Kürbis und die feingeschnittenen Kräuter unterrühren. In der Pfanne restliches Olivenöl erhitzen. Eier-Kürbis-Masse in die Pfanne gießen und bei mittlerer Hitze stocken lassen. Sobald der Eierkuchen zu Dreiviertel durchgegart ist, wenden. Mit Schnittlauch bestreuen und mit Salat servieren.

Rote Hokkaido- oder Maronikürbisse sind wegen ihrer praktischen Portionsgröße und dem festen orange-gelben Fruchtfleisch sehr geschätzt.

Kürbis-Frischkäse-Aufstrich – eine außergewöhnliche Vorspeise mit pikantem Geschmack.

Fruchtfleisch in dünne Scheiben schneiden. Warmen Kürbis und Avocadoscheiben in einer Servierschüssel mischen. Das Dressing behutsam unterziehen und sofort servieren.

Kürbis-Frischkäse-Aufstrich

Zutaten: *200 g Frischkäse • 300 g Kürbispüree • 2 Knoblauchzehen • 1/4 TL Salz • 4 EL Olivenöl • 1 rote und 1 grüne Peperoni*

Zubereitung: Geschälte Knoblauchzehen mit dem Salz in einem Mörser flaumig zerstoßen. Frischkäse, Kürbispüree, Olivenöl und Knoblauch gründlich vermischen. Feingehackte Peperoni nach Geschmack zugeben und vor dem Servieren darüber streuen.

Kürbis-Linsen-Salat

Zutaten: *700 ml Gemüsebrühe • 300 g rote Linsen • 1/4 TL Koriander • 400 g Kürbis, klein gewürfelt • 400 ml Obstessig • 100g Zucker • 150 g Staudensellerie, fein gewürfelt • 25–30 g frische Ingwerwurzel, fein gewürfelt • 1 rote Peperoni, fein gewürfelt • Salz • Cayennepfeffer • 180 ml Olivenöl*

Italienischer Pfannenkürbis

Zutaten: *750 g geschälter und in 2 cm große Würfel geschnittener Kürbis • 3 EL Olivenöl • Salz • frisch gemahlener Pfeffer • 1 durchgepresste Knoblauchzehe • 2 EL feingehackte Petersilie*

Zubereitung. In einer großen Pfanne Olivenöl und Kürbis vermengen. Mit Salz und Pfeffer würzen und bei mittlerer Hitze 5–10 Minuten weich dünsten. Dabei die Pfanne öfter rütteln, damit der Kürbis nicht anbrennt. Knoblauch und Petersilie über den Kürbis streuen und das Gericht heiß servieren.

Scharfer Kürbis mit Avocado

Zutaten: *700 g Kürbis, in dünne Scheiben geschnitten • 2 EL Olivenöl • 1 kleine rote Zwiebel, feingehackt • 2 TL Balsamico-Essig • 1 TL feiner brauner Zucker • Salz • 1 große Avocado • 1 EL gehackte glatte Petersilie • 2 TL süße Chilisauce • 1 EL gehackter Ysop*

Zubereitung: Kürbis in einem großen Topf mit siedendem Wasser blanchieren. Aus dem Wasser nehmen und gut abtropfen lassen. Öl, Chilisauce, Zwiebel, Salz, Essig, Zucker und Kräuter in einer Schüssel gut vermengen. Avocado schälen und das

Zubereitung: Gemüsebrühe aufkochen. Linsen kalt abspülen, abtropfen lassen und 5 Minuten bei mittlerer Hitze in der Brühe mit dem Koriander kochen. Linsen in einem Sieb abtropfen lassen. Essig und Zucker aufkochen, bis sich der Zucker auflöst. Kürbiswürfel darin 5 Minuten kochen. Topf von der Kochstelle ziehen und die Kürbiswürfel im Sud kalt werden lassen. Für die Vinaigrette 8 EL vom Essigsud, Salz, Cayennepfeffer und 100 ml Olivenöl gut verschlagen. Alle vorbereiteten Zutaten mit den abgetropften Kürbiswürfeln in die Vinaigrette geben und gut mischen. 2–3 Stunden (besser über Nacht) durchziehen lassen, nochmals abschmecken und mit Schnittlauch bestreuen

Kürbis-Pastete

Zutaten: *10 g getrocknete Pfifferlinge • 1 EL Sojasauce • 6 EL Butter • 300 g Hühnerbrust • 350 g Kürbis, in Stücke geschnitten • 100 g gekochter Schinken • Salz • Pfeffer • Ingwer • 2 EL Kapern • 1 Knoblauchzehe • 1 TL Essig • 2 TL Rohrzucker • 3 Eier • 2 EL Schnittlauch, geschnitten*

Zubereitung: Am Vorabend Pilze in 4 EL Wasser und Sojasauce einweichen. Hühnerbrust in 4 EL heißer Butter in der Pfanne gar braten. Nach dem Auskühlen Haut und Knochen entfernen und Fleisch grob würfeln. Klein geschnittenen Kürbis in wenig Salzwasser weichkochen oder im Dämpfer garen und gut abtropfen lassen. Mit dem gekochten Schinken und dem Hühnerbratfond pürieren. Diese Masse mit den Pilzen, Eiern und der gehackten Knoblauchzehe vermischen und kräftig abschmecken. Eine kastenförmige Metallform

mit eingebuttertem Pergamentpapier rundherum auslegen. Die Masse mit den Fleischwürfeln vorsichtig vermengen und in die Form füllen. Mehrmals aufstoßen, damit sie keine Lufträume enthält. Die Fettpfanne im Bratrohr 2 cm hoch mit Wasser füllen. Die Form hineinstellen und bei 180°C 2 Stunden garen. Wasser bei Bedarf in die Fettpfanne nachfüllen. Pastete mit einem Gewicht beschweren und abkühlen lassen. In dicke Scheiben geschnitten als Vorspeise servieren. Die Pastete hält sich im Kühlschrank bis zu einer Woche.

Kürbis-Linsen-Salat kann durch die Verwendung verschiedener Linsensorten farblich abgewandelt werden.

Hauptgerichte

 ### Exotisches Kürbisgericht

Zutaten: *400 g Kürbis, klein gewürfelt • 250 g Reis • 300 g Ananas, gewürfelt • 1 Zwiebel • 2 EL Öl • 1 TL Salz • 1/4 TL Ingwer • 1 TL Curry*

Zubereitung: Zwiebel in 1 EL Öl andünsten. Reis dazugeben und kurz mitdünsten lassen. Mit 600 ml Wasser ablöschen. Salzen und auf kleiner Stufe ausquellen lassen. Kürbiswürfel in 1 EL Öl andünsten und unter gelegentlichem Wenden etwa 6–8 Minuten nicht zu weich garen. Kürbis und Ananas unter den gegarten Reis rühren und würzen. Mit frischem Salat servieren.

 ### Kürbis-Graupen-Risotto

Zutaten:
500 g Kürbis gewürfelt • 250 g Möhren, gewürfelt • 250 g Knollensellerie, gewürfelt • 200 g Lauch, in dünne Ringe geschnitten • 250 g Gerstengraupen • 40 g Butter • 100 g geriebener Parmesan • Salz • Pfeffer • Muskat • glatte Petersilie • 1 TL Gemüsebrühextrakt

Kürbis-Graupen-Risotto – zur Abwechslung anstelle von Reis mit bissfesten Gerstengraupen gekocht.

Zubereitung: Etwa 1 l Wasser mit Salz und Gemüsebrühextrakt zum Kochen bringen. Möhren und Sellerie zugeben und etwa 5 Minuten kochen lassen. Kürbis und Lauch zugeben und nochmals 3–5 Minuten kochen. Das Gemüse mit der Schaumkelle entnehmen. Das Gemüsewasser wieder zum Kochen bringen, die Graupen einrühren und 20–25 Minuten leicht köcheln lassen. Gelegentlich umrühren. Das Gemüse unterrühren und nochmals 2 bis 3 Minuten garen. Parmesan einrühren, mit Salz, Pfeffer und Muskat abschmecken. Mit gehackter Petersilie bestreuen.

 ### Weiße Bohnen in Kürbispüree

Zutaten: *400 g getrocknete weiße Bohnen • 500 g kleingeschnittener Kürbis • 3 Zwiebeln, kleingeschnitten • 2 Paprikaschoten, kleingeschnitten • 100 g Butter • 2 EL Creme fraiche • Salz • Pfeffer • 100 g geriebener Käse • 1/8 l Bechamelsauce.*

Zubereitung: Über Nacht in kaltem Wasser eingeweichte Bohnen weichkochen und beiseite stellen. In einer Kasserolle die Hälfte der Butter schmelzen lassen und den Kürbis dazugeben. Ohne Wasser bei aufgelegtem Deckel bei niedrigster Hitze köcheln lassen. Wenn der Kürbis weich gegart ist, mit dem Mixstab pürieren und zur Seite stellen. In einem anderen Topf Zwiebeln und Paprikaschoten in Butter andünsten. Salzen und pfeffern. Kürbispüree, Bechamelsauce, Creme fraiche und Weiße Bohnen dazugeben. Alles gut vermischen und abschmecken. In eine ofenfeste Form füllen und mit geriebenem Käse bedecken. Im Ofen etwa 20 Minuten überbacken.

Kürbis, gefüllt mit Buchweizen

Zutaten: *1 Kürbis zum Füllen mit etwa 1 kg Gewicht • 2 El Olivenöl • 150 g Buchweizen • 1/2 Stange Lauch oder 4 Frühlingszwiebeln, feingeschnitten • 2 mittelgroße Möhren, geraspelt • 2–3 TL Sojasauce • 2 EL frisch gehackte Kräuter (Minze, Petersilie, Ysop, Thymian, Rosmarin) • Pfeffer • Tabasco*
Zubereitung: In einem mittelgroßen Topf 1 EL Öl erhitzen und den Buchweizen darin bei starker Hitze unter Rühren anrösten, mit Wasser bedecken, 10–12 Minuten bei schwacher Hitze garen, bis die Körner weich sind. In der Zwischenzeit den Lauch oder die Frühlingszwiebeln in restlichem Öl anschwitzen, die Möhren

zufügen und unter Rühren weich garen. Möhren zusammen mit den Kräutern unter den Buchweizen mischen. Mit Sojasauce und Pfeffer abschmecken. Den Kürbis halbieren, Kernhaus entfernen und innen reichlich mit Salz und Pfeffer würzen. Die Füllung in die beiden ausgehöhlten Kürbishälften füllen. Den Kürbis wieder zusammensetzen oder die Hälften nebeneinander in eine flache Form geben. Bei 180°C im Backrohr etwa 60 Minuten weich backen. Kürbis servieren, Tabasco und Sojasauce zum Nachwürzen anbieten.

Rindfleisch-Kürbis-Eintopf

Zutaten: *500 g Rindfleisch • 1 Bund Suppengrün • 1 1/4 l Salzwasser • 750 g gewürfelter Kürbis • 3 Zwiebeln, in Scheiben geschnitten • 500 g frische Tomaten, geschält • 2 EL gehacktes Basilikum • Salz • Pfeffer • Essig*
Zubereitung: Rindfleisch waschen und mit dem geputzten Suppengrün in dem Salzwasser zum Kochen bringen, evtl. abschäumen und 1 Stunde kochen, bis das Fleisch weich ist. Fleisch

Gefüllter Kürbis – ein sehr dekoratives und praktisches Gericht, besonders wenn Gäste erwartet werden.

Eine Kürbispfanne, mediterran gewürzt, lässt sich rasch und einfach zubereiten.

Gefüllte Kürbistaschen

Zutaten: *350 g Kürbis, fein gewürfelt • 75 g tiefgefrorene Erbsen • 175 ml Brühe • 1 Packung Blätterteig, tiefgefroren • 1 Ei verquirlt • 1 EL Öl • 1 Zwiebel, feingehackt • 1 EL braune Senfkörner • 2 TL Curry ü 1/2 TL Chili + 1/4 TL Kurkuma*

Zubereitung: Öl in einer Pfanne erhitzen und die Zwiebel bei mittlerer Hitze andünsten. Senfkörner dazugeben und 1–2 Minuten mitdünsten, bis sie aufplatzen. Curry, Chili und Kurkuma zugeben und kurz mitdünsten. Kürbis in die Pfanne dazugeben und mit den Gewürzen gut verrühren. Erbsen und Brühe dazugeben und unter vorsichtigem Rühren 8–10 Minuten köcheln lassen, bis der Kürbis weich und die Flüssigkeit fast ganz verdunstet ist. Pfanne vom Herd nehmen und abkühlen lassen. Backofen auf 220°C vorheizen. Aus dem Blätterteig runde Scheiben mit etwa 10 cm Durchmesser ausschneiden und jeweils einen EL der Kürbismischung in die Mitte geben. Ränder mit verquirltem Ei bestreichen und über der Füllung zusammenklappen. Ränder andrücken und gut verschließen. Teigtaschen mit dem restlichen verquirlten Ei bestreichen und

herausnehmen und in Würfel schneiden. Brühe durch ein Sieb gießen und 1l davon abmessen. Öl erhitzen und Zwiebelscheiben darin andünsten. Kürbiswürfel hinzufügen. Gehackte Tomaten mit der abgemessenen Brühe und den Fleischwürfeln zum Kürbisgemüse geben und 5–10 Minuten kochen lassen. Mit Salz, Pfeffer, Essig und Basilikum abschmecken.

Kürbispfanne

Zutaten: *500 g Kürbis, in dünne Scheiben geschnitten • 250 g Möhren und 250 g Zucchini, in dünne Scheiben geschnitten • 4 EL Olivenöl • 4 EL Weißwein • 1 Zweig Rosmarin • Salz • Pfeffer • 3 Knoblauchzehen, fein gewürfelt • 1 EL gehackte Petersilie • 4 EL Creme fraiche*

Zubereitung: Öl in einer Pfanne erhitzen und das Gemüse unter Wenden anbraten. Rosmarinzweig und Wein dazugeben und das Gemüse unter Wenden schmoren lassen. Mit Salz und Pfeffer würzen, Knoblauch und Petersilie unter das Gemüse mischen. Kürbisgemüse auf den Tellern anrichten und in die Mitte je 1 EL Creme fraiche geben. Passt zu kurz gebratenem Fleisch.

auf ein mit Backtrennpapier belegtem Blech etwa 25 Minuten goldbraun backen.

Kürbis-Soufflé

Zutaten: *800 g Kürbis, grob gewürfelt • 50 g Parmesan, gerieben • 1/2 TL Ingwer, fein gerieben • abgeriebene Schale einer ungespritzten Zitrone • 2 TL Zitronensaft + 1 TL frischer Thymian, feingehackt • 3 Eier • Salz • Muskat • 1 TL Butter*
Zubereitung: Kürbisstücke dämpfen und pürieren. Kürbispüree mit den Gewürzen und Eigelb von 3 Eiern verrühren. Abschmecken. Eiweiß steif schlagen und unter das Püree heben. Eine Auflaufform mit der weichen Butter ausstreichen und die Masse einfüllen. Das Soufflé im vorgeheizten Ofen bei etwa 175°C 40 Minuten backen und sofort servieren. Dazu passt grüner Salat.

Gemüse orientalische Art

Zutaten: *350 g Kürbis, kleingeschnitten • 1 kleiner Zucchino, kleingeschnitten • 2 Zwiebeln, in Ringe geschnitten • 4 Tomaten, enthäutet und geviertelt • 200 g Champignons, halbiert • 1 Knoblauchzehe, zerdrückt • 2 EL Olivenöl • 150 ml Gemüsebrühe • 1 Messerspitze Zimt • 1 TL Curry • Salz • frisch gemahlener Pfeffer • 1 TL Oregano • 1/2 TL Thymian • 4 EL Rotwein • 270 g Bulgur (Weizengrütze)*
Zubereitung: Knoblauch und Zwiebelringe in heißem Öl kurz anschwitzen. Kürbis, Zucchino, Pilze und Brühe in den Topf geben und etwa 10 Minuten bissfest dünsten. Mit Gewürzen und Rotwein abschmecken. Tomaten zufügen und kurz ziehen lassen. 675 ml Wasser mit 1–2 TL Salz zum Kochen bringen. Bulgur zufügen und ohne Deckel bei milder Hitze 12–15 Minuten quellen lassen bis die Flüssigkeit verdampft ist. Bulgur auf Teller portionsweise verteilen und das Gemüse darauf anrichten. Servieren.

Gemüse orientalische Art – empfehlenswert und für Auge und Gaumen sehr ansprechend.

Nudeln mit Kürbissauce

Zutaten: *500 g kurze Nudeln • 500 g Kürbis, fein gewürfelt • 2 Lauchstangen, in feine Scheiben geschnitten • 50 g Butter • Salz • Muskat • 300 ml Sahne • 50 g frisch geriebener oder gehobelter Parmesan*

Zubereitung: Butter in einem großen Topf erhitzen. Den Lauch abgedeckt bei niedriger Hitze 5 Minuten köcheln lassen und gelegentlich umrühren. Kürbis und Muskat zugeben und abgedeckt 8 Minuten köcheln lassen. Sahne und 3 EL Wasser zugeben und aufkochen. Unter gelegentlichem Rühren 8 Minuten weichgaren. Gemüse würzen und abschmecken. Die al dente gekochten Nudeln auf Teller portionsweise verteilen und die Gemüsesauce darüber geben. Mit Parmesan bestreuen und servieren.

Feuernudeln

Zutaten: *300 g Bandnudeln • 400 g geschnetzeltes Putenfleisch • 1 EL Öl • 1 Zwiebel, fein gehackt • 1 Knoblauchzehe, gepresst • 500 g Kürbis, in etwa 3 mm dicke Scheiben geschnit-*

ten oder gehobelt • 400 g Stangensellerie, in feine Streifen geschnitten • 1–2 TL Sambal Oelek (Vorsicht, sehr scharf) • 150 ml Brühe • 4–6 EL süße Sojasauce

Zubereitung: Nudeln al dente kochen, abtropfen lassen, abspülen und beiseite stellen. Putenfleisch portionsweise in heissem Öl in einer großen Bratpfanne etwa 3 Minuten anbraten, dann herausnehmen und mit 2 EL der Sojasauce mischen. Zwiebel, Knoblauch, Kürbis, Stangensellerie und Sambal Oelek in der gleichen Pfanne bei mittlerer Hitze etwa 7 Minuten unter Rühren anbraten. Brühe, Nudeln und 3–4 EL Sojasauce zugeben und weitere 3 Minuten braten. Putenfleisch untermischen und salzen. Servieren.

Kürbis-Kartoffel-Mais-Topf

Zutaten: *500 g gewürfelter Kürbis • 500 g festkochende, kleingewürfelte Kartoffeln • 200 g Maiskörner • 400 g enthäutete und gewürfelte Tomaten • 2 Zwiebeln und 2 Knoblauchzehen feingehackt • 1/2 l Brühe • 2 EL Öl • Salz • Pfeffer • 1 feingewürfelte Peperoni • 1 TL Mexikogewürz*

Zubereitung: Zwiebel, Knoblauch und Peperoni im heißen Öl glasig anschmoren. Kartoffeln zugeben und etwa 5 Minuten mitschmoren lassen. Kürbis, Tomaten und Mais dazugeben und mit der Brühe aufgießen. Mit Salz, Pfeffer und Mexikogewürz würzen. Zugedeckt bei sanfter Hitze etwa 15 Minuten köcheln lassen.

Kürbis-Kartoffel-Mais-Topf – eine gelungene herbstliche Kombination, die schnell zubereitet ist.

Kürbis-Gratin mit Speck

Zutaten: *1 kg Kürbis, in dünne Scheiben gehobelt • Salz • Pfeffer • 1 Becher Schlagsahne • 100 g geräucherter durchwachsener Speck, fein gewürfelt • 100 g geriebener Emmentaler • Kräuter nach Belieben*

Zubereitung: Kürbisscheiben mit Salz und Pfeffer würzen und in eine gefettete Gratinform schichten. Dabei etwas geriebenen Käse dazwischen geben. Das Ganze mit der Sahne übergießen, mit dem restlichen Käse überstreuen und im vorgeheizten Backofen bei 200°C etwa 30 Minuten backen. In der Zwischenzeit den Speck würfeln, über das Gratin streuen und nochmals etwa 15 Minuten backen.

Kürbis-Gratin mit Speck – eine lohnenswerte Alternative zum herkömmlichen Kartoffelgratin.

Kürbis-Hähnchen

Zutaten: *1 frisches Hähnchen • 500g gewürfeltes Kürbisfleisch, Kürbiswürfel etwa 2 x 2 cm • 2 Knoblauchzehen • frische Petersilie • 1 Zweig Rosmarin • Salz • Pfeffer • Olivenöl*

Zubereitung: Hähnchen waschen, abtrocknen und innen würzen. Den feingehackten Knoblauch und die feingeschnittenen Kräuter mit den Kürbiswürfeln mischen, salzen und pfeffern und das Hähnchen damit füllen. Hähnchen außen mit Olivenöl bestreichen und mit Salz und Pfeffer würzen. Bei 180°C etwa 1 Stunde im Backrohr braten.

Geschmortes Lamm mit Kürbis in Rotwein

Zutaten: *600 g Lammgulasch • 4 Zwiebeln • 4 Möhren • 400 g Kürbis, in Stücke geschnitten • 300 ml Rotwein • 2 EL Olivenöl • 2 Wacholderbeeren • Salz • Pfeffer, Lorbeerblatt • Thymian*

Zubereitung: Gulasch trocken tupfen. Öl in einem Bratentopf erhitzen und Zwiebel und Fleisch darin portionsweise braun anbraten. Mit Wein und 250 ml Wasser ablöschen. Mit Salz, Pfeffer, Lorbeer, Thymian und Wacholderbeeren würzen. Bei schwacher Hitze etwa 45 Minuten schmoren lassen. Möhren und Kürbis untermischen. Nochmals mit Salz und Pfeffer würzen und soviel Wasser angießen, dass alles knapp mit Flüssigkeit bedeckt ist. Bei schwacher Hitze etwa 15 Minuten fertig schmoren. Abschmecken und mit Nudeln servieren.

Kürbis-Gratin auf italienische Art

Zutaten: *800 g Kürbis, in 3 x 3 cm große Würfel geschnitten • 150 g frisch geriebener Parmesan • 60 ml Olivenöl • Salz + frisch gemahlener schwarzer Pfeffer*
Zubereitung: Backofen auf 180°C vorheizen. Olivenöl, Salz und Pfeffer in eine große Schüssel geben und den Parmesan ein-rühren. Kürbis in dieser Mischung wenden, so dass die Würfel von allen Seiten gut damit überzogen sind. Eine große flache Gratin-Form mit Olivenöl ausstreichen. Die Kürbiswürfel hineinfüllen und 45–60 Minuten backen, bis der Kürbis weich ist.

Süß-saueres Gemüse im Wok

Zutaten: *800 g gemischtes Ge-müse (Kürbis, Möhren, Lauch, Stangensellerie, Zuckererbsen, Paprika – je nach Festigkeit schneiden, hartes fein und wei-ches in größere Stücke schnei-den) • 250 g Shiitake-Pilze, hal-biert • 3 EL Öl • 40 g frischer Ingwer, fein gehackt • 2 Knob-lauchzehen, fein gehackt*
Zutaten für die Sauce: *3 EL helle Sojasauce • 1/2 TL Zucker • 2 EL Reisessig • 2 EL Ketchup*

Süß-saures Gemüse im Wok – eine sehr pikante asiatische Art, mit Kürbis zu kochen.

• schwarzer Pfeffer aus der Mühle • 150 ml Gemüsebrühe • 1 TL Speisestärke
Zubereitung: Die Sojasauce mit Zucker, Reisessig, Ketchup, Pfef-fer, Brühe und Speisestärke ver-quirlen. Das Öl im heißen Wok nicht zu stark erhitzen. Ingwer und Knoblauch darin unter Rühren kurz anbraten. Feste Gemüsesorten zuerst zugeben und 3 Minuten unter ständigem Rühren braten. Nach und nach die restlichen vorbereiteten Ge-müse und die Pilze zufügen und alles 2 Minuten rühren. Mit der flüssigen Würzmischung ablö-schen und einmal aufkochen lassen. Gemüse bissfest garen. Mit Salz und Pfeffer ab-schmecken. Zu Reis servieren.

Kürbis-Auflauf mit Mozzarella

Zutaten: *750 g Kürbis, gewürfelt zu etwa 1 cm Größe • 1 große Dose geschälte Tomaten • 1 große Zwiebel, grob gehackt • 2 EL Olivenöl • 2 Knoblauchzehen • Salz • Pfeffer • 2 TL frischer Thymian • 2 Kugeln Mozzarella, je 250 g • 50 g Parmesan, ge-rieben*
Zubereitung: Das Olivenöl in einer Pfanne erhitzen, die Zwie-bel zufügen und 2 Minuten düns-ten. Die Tomaten zufügen und die geschälten Knoblauchzehen darüber pressen. Kürbiswürfel unter die Tomaten mischen und mit Salz, Pfeffer und Thymian kräftig würzen. Etwa 10 Minuten

garen. Den Parmesan unter das Gemüse mischen und alles in eine gefettete Auflaufform füllen. Mit den Mozzarellascheiben belegen und im auf 220°C vorgeheizten Backofen 20 Minuten überbacken, bis der Käse geschmolzen ist.

Kürbis-Gnocchi

Zutaten: *600 g Kürbis mit Schale, in größere Stücke geteilt • 200 g Mehl • 50 g frisch geriebener Parmesan • 1 Ei, verquirlt • 100 g Butter • 2 EL frische Kräuter, feingehackt (Petersilie, Salbei, Thymian) * Salz * Pfeffer*
Zubereitung: Backofen auf 200°C vorheizen und die Kürbisstücke mit der Schale auf einem Blech etwa 1 Stunde weichgaren. Kürbis aus dem Ofen nehmen, etwas abkühlen lassen und das weichgegarte Fruchtfleisch mit einem Löffel von der Schale nehmen. Das Kürbispüree und das Mehl in eine Schüssel geben. Die Hälfte des Parmesans, das Ei und etwas frisch geriebenen Pfeffer sowie Salz untermengen. Die Masse auf einer leicht bemehlten Arbeitsfläche in 2 Minuten zu einem glatten Teig kneten. Zugedeckt etwa 10 Minuten ruhen lassen. Teig in 4–5 Portio-

nen aufteilen und aus jeder Portion mit der bemehlten Handfläche daumendicke Rollen formen. Davon 3 cm lange Stücke abschneiden und diese mit einer Gabel leicht eindrücken, damit ein Rillenmuster entsteht. Die Gnocchi portionsweise in einem großen Topf mit sprudelndem Salzwasser 2 Minuten garen, bis sie an die Oberfläche steigen. Mit einem Schaumlöffel herausnehmen und warmhalten. Die Butter in einer Pfanne schmelzen, vom Herd nehmen und die Kräuter hineinrühren. Die Gnocchi zum Servieren auf 4 Teller verteilen, mit der Kräuterbutter begießen und mit dem restlichen Parmesan bestreuen.

Beilagen

Herbstliches Gemüse

Zutaten: *750 g gewürfelter Kürbis • 3 säuerliche Äpfel, gewürfelt • 1 Stange Lauch, in 1 cm dicke Scheiben geschnitten • 1 Zwiebel, fein gewürfelt • 1 EL Butter • Salz • Pfeffer • 1–2 TL Curry • 1/2 TL Honig • 75 ml Apfelsaft*
Zubereitung: Butter in einem Topf zerlassen und Zwiebeln und Lauch darin andünsten. Kürbis-

Kürbis-Gnocchi sind ein typisch italienisches Gericht.

und Apfelwürfel dazugeben und mitdünsten. Mit Salz, Pfeffer, Honig und Curry abschmecken. Den Apfelsaft angießen und alles bei mittlerer Hitze im geschlossenen Topf etwa 10 Minuten garen.

Kürbis mit Lauch

Zutaten: *500 g Kürbis, gewürfelt • 2–3 Lauchstangen, in Ringe geschnitten + 2 EL Öl • 30 g Butter • 50 g gehackte Mandeln •*

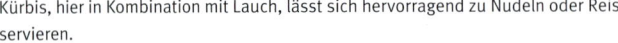
Kürbis, hier in Kombination mit Lauch, lässt sich hervorragend zu Nudeln oder Reis servieren.

1–2 Knoblauchzehen, zerdrückt • Salz • Pfeffer • Zitronensaft
Zubereitung: Öl und Butter in einer Pfanne erhitzen, bis die Butter geschmolzen ist. Lauch bei niedriger Hitze 5 Minuten anbraten. Knoblauch und Kürbiswürfel hinzufügen und 7–10 Minuten braten, bis der Kürbis weich, aber nicht verkocht ist. Mit Salz und Pfeffer würzen, mit den gehackten Mandeln bestreuen und servieren. Nach Geschmack mit Zitronensaft beträufeln.

Kürbis-Polenta

Zutaten: *300 g kleine Kürbiswürfel • 25 g Butter • 250 g Polenta • Salz • Pfeffer • Muskat*
Zubereitung: 1l Wasser zum Kochen bringen und Polenta einrühren. Kürbiswürfel dazugeben und unter regelmäßigem Rühren mitkochen. Butter zugeben und mit Salz, Pfeffer und Muskat würzen. Noch etwa 15–20 Minuten köcheln lassen. Portionsweise servieren oder auf ein Backblech streichen und nach dem Abkühlen in Portionsstücke schneiden. Vor dem Servieren in einer Pfanne mit wenig Butter anbraten.

Kürbis-Kartoffel-Püree

Zutaten: *400 g mehlige Kartoffeln, geschält und halbiert oder geviertelt • 400 g Kürbis, grob gewürfelt • 300 ml Milch • Salz • 2 EL Butter • Muskat nach Belieben*
Zubereitung: Kartoffeln im Gemüsedämpfer 10 Minuten vorgaren. Kürbis dazugeben und dämpfen, bis beides gut weich gegart ist. Milch erhitzen. Kartoffeln und Kürbis in einer großen vorgewärmten Schüssel

mit einem Kartoffelstampfer zerdrücken. Die fast kochende
Milch dazugeben. Nochmals gut
stampfen. Mit Butter und Salz
abschmecken. Servieren.

Kürbis-Ingwer-Püree

Zutaten: *1 kg Kürbis, grob gewürfelt • 1 walnussgroßes Stück
Ingwer, geschält und kleingeschnitten • 4 Knoblauchzehen •
25 g Butter • Salz • Pfeffer*
Zubereitung: Kürbis, Knoblauch
und Ingwer in 1/4 l Wasser garen.
Mit dem Pürierstab pürieren,
abschmecken, Butter unterrühren
und servieren.

Geschmorter Kürbis Asiatisch

Zutaten: *500 g Kürbis, gewürfelt • 2 EL Öl • 3 Knoblauchzehen, fein gehackt • 1 TL frisch
gehackter Ingwer • 3 kleine
Zwiebeln weiß oder rot • 1 EL
brauner Zucker • 125 ml Hühnerbrühe • 1 EL Limettensaft • 2
EL Fischsauce • Salz • Pfeffer*
Zubereitung: Öl in einer Pfanne
erhitzen, Knoblauch, Ingwer und
Zwiebeln dazugeben und bei
mittlerer Hitze 3 Minuten unter
Rühren andünsten. Kürbis da-

Kürbis-Spätzle über-
zeugen mit ihrer gold-
gelben appetitlichen
Farbe.

zugeben und Zucker darüber
streuen. 7–8 Minuten garen.
Regelmäßig wenden, bis der
Kürbis goldbraun und fast gar
ist. Hühnerbrühe und Fischsauce
dazugeben und aufkochen.
Kürbis dabei wenden und mit
Limettensaft beträufeln. Mit
Salz und Pfeffer abschmecken.
Zu Reis oder zu Fleischgerichten
servieren.

Kürbis-Spätzle

Zutaten: *300 g Spätzlemehl •
250 g Kürbispüree • 1 TL Salz •
3 Eier • 1 EL Butter*

Zubereitung: Kürbispüree und
Eier mit dem Pürierstab vermengen. Mehl und Salz dazugeben.
Mit dem Schneebesen einen zäh-
flüssigen Teig rühren. Dazu etwas
Wasser je nach Feuchtigkeitsge-
halt des Kürbispürees zugeben.
Kurz stehen lassen. In der Zwischenzeit in einem großen Topf
reichlich Salzwasser aufkochen
lassen. Spätzleteig portionsweise mit dem Spätzlehobel in das
kochende Wasser streichen. Sobald die Spätzle an die Oberfläche steigen, mit einem Schaumlöffel herausnehmen und kurz
unter kaltem Wasser abschreck-
en. Vor dem Servieren in einer
Pfanne in etwas Butter anbraten.

Kürbis mit Pilzen

Zutaten: *400 g Egerlinge, halbiert • 1 Chilischote • 1 TL abgeriebene Schale von einer unbehandelten Zitrone • 6 EL Sojasauce + 5 EL Öl • 500 g Kürbis, klein gewürfelt • 1/8 l Gemüsebrühe • frische Petersilie, fein gehackt*
Zubereitung: Pilze, Chilischote, Zitronenschale, Sojasauce, 4 EL Öl in einer Schüssel mischen und mit Salz und Pfeffer abschmecken. 30 Minuten zugedeckt ziehen lassen. Pilze aus der Marinade nehmen und gut abtropfen lassen. Pilze im restlichen Öl im Wok kräftig anbraten und herausnehmen. Kürbis in den Wok geben und mit der Marinade und Gemüsebrühe übergießen. Alles aufkochen und zugedeckt bei milder Hitze 5 Minuten schmoren lassen. Pilze untermischen und weitere 5 Minuten schmoren lassen. Petersilie darüber streuen. Zu Reis servieren.

Kürbis-Brot

Zutaten: *500 g Mehl • 300 g Kürbispüree (siehe Seite 74) • 2 TL Salz • 1 TL Zucker • 1 Würfel Hefe*

Zubereitung: Hefe mit Zucker und wenig lauwarmen Wasser verrühren und etwa 10 Minuten gehen lassen. Mehl, Kürbispüree und Salz mit dem Vorteig und etwas lauwarmen Wasser verkneten, bis ein fester glatter Teig entsteht. An einem warmen Platz zum Gehen stehenlassen, bis sich die Teigmenge verdoppelt hat. Den zu einem runden Laib geformten Teig auf ein Backblech setzen und nochmals etwa 30 Minuten gehen lassen. Backofen auf 220°C vorheizen. Brotteig einschieben und nach 20 Minuten Hitze auf 180°C reduzieren. Backdauer insgesamt etwa 45 Minuten, bis das Brot goldbraun ist. Brot herausnehmen und prüfen, ob es hohl klingt, wenn man auf die Unterseite klopft. Brot auf einem Drahtrost auskühlen lassen. Statt aus dem Teig einen Brotlaib zu formen, können auch kleine Brötchen gebacken werden. Die Backdauer beträgt dann etwa 20 Minuten. Als Brotaufstrich für dieses köstliche Kürbisbrot eignet sich am besten gesalzene Butter.

Kürbis-Currry-Sauce

Zutaten: *1 Zwiebel, fein gehackt • 150 g Kürbis, fein gewürfelt • 3 EL Butter • 1 EL Curry • 1/2 TL gehackter Ingwer • 250 ml Geflügelfond • 100 ml Schlagsahne • Salz • 2 EL gehackte Cashewkerne*
Zubereitung: Kürbis- und Zwiebelwürfel in der heißen Butter andünsten. Currypulver einstreu-

Kürbis-Brot herzustellen, dauert ein wenig, und ist die gelbe Alternative zum gewöhnlichen Weißbrot.

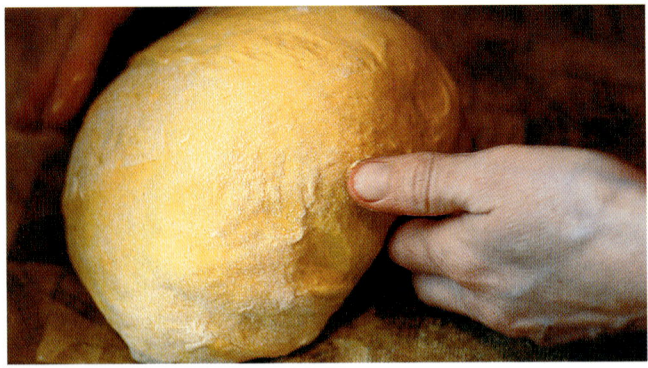

Der Kürbiszopf ist von kräftig gelber Farbe und sieht besonders schön mit roten Trockenfrüchten aus

Nachspeise

 Indisches Kürbis-Dessert

Zutaten: *300 g Kürbis, geraspelt • 1/4L Milch • 200 ml Sahne • 125 g Zucker • 100 g geriebene Mandeln • 1/4TL Kardamom • evtl. Zimt • Pistazien zum verzieren*
Zubereitung: Milch, Sahne, geraspelten Kürbis, Zucker, Mandeln und Gewürze bei geringer Hitze unter ständigem Rühren etwa 30 Minuten köcheln, bis die Masse dicklich wird. Abschmecken und warm oder kühl servieren. Mit gehackten Pistazien verzieren.

en und verrühren. Ingwer zugeben und mit Fond aufgießen. Etwa 30 Minuten köcheln lassen. Cashewkerne in einer Pfanne ohne Fett leicht anrösten. Zwiebel-Kürbis-Mischung mit dem Stabmixer pürieren und Sahne unterheben. Mit Salz und Curry abschmecken und mit den Nüssen bestreuen. Zu gekochtem oder gebratenem Fleisch servieren.

 Kürbis-Hirse

Zutaten: *250 g feingewürfelter Kürbis • 200 g Hirse • 1/2 l Gemüsebrühe • 1 EL Butter • 100 g geriebener Emmentaler • Salz*
Zubereitung: Hirse in der Gemüsebrühe bei schwacher Hitze 10 Minuten quellen lassen. Kürbis und Butter in die Hirse

geben und etwa 15 Minuten bei niedriger Hitze garen lassen, bis der Kürbis weich ist. Mit Käse bestreut servieren.

 Kürbiszopf

Zutaten: *250 g Mehl • 1 Würfel Hefe • 1/8 l lauwarme Milch • Salz • 50 g Zucker • 250 g Kürbispüree • 100 g getrocknete halbierte Sauerkirschen.*
Zubereitung: Hefeteig herstellen und die Sauerkirschen unterkneten. Teig gehen lassen. Aufgegangenen Hefeteig in vier Teile teilen und daraus gleichlange Rollen formen. Rollen zu einem Zopf flechten und nochmals gehen lassen. Bei etwa 175° C etwa 40 Minuten goldgelb backen und mit Puderzucker bestäuben.

auf einen blick

- **Vom Kürbis ist fast alles essbar:**
- die zarten Triebspitzen und jungen Blätter,
- die hübschen gelben Blüten,
- die jungen Früchte als Zucchini,
- die vitaminreichen und haltbaren Kürbisse,
- die gesunden und gehaltvollen Kerne,
- und das geschmackvolle Kürbiskernöl.

Bezugsquellen, Adressen und Literatur

Bezugsquellen

Saatgut

Saatgut
Dreschflegel
Postfach 1213
37202 Witzenhausen
www.dreschflegel-saatgut.de

Grüner Tiger Versandhandel
Pfarräckerstr. 13
90522 Oberasbach
www.gruenertiger.de

Hild Samen GmbH
Kirchenweinbergstr. 115
71672 Marbach
hild@nunhems.com

Jansen
Postfach 300115
46399 Bocholt
info@jansenzaden.nl

Juliwa/Quedlinburger Saatgut
Neuer Weg 21
06472 Quedlinburg

Sperli-Samen
Postfach 2640
21316 Lüneburg

Österreich

Arche Noah
Obere Str. 40
A-3553 Schloss Schiltern
www.arche-noah.at

Schweiz

KCB Kürbis-Club Basel
Postfach 450
CH-4003 Basel

Samen Mauser AG
Postfach 67
CH-8404 Winterthur

Frankreich

Ferme de Sainte Marthe
BP 10
F-41700 Cour Cheverny
www.fermedesaintemarthe.com

Kürbiskerne und Kürbiskernöl aus heimischem Anbau

Öhlmühle Hartmann
Lindenfeldweg 12
86420 Diedorf/Bieburg
oelmuehle-hartmann@t-online.de

Infos zum Thema Kürbis

Kürbis-Club.CH
Naturhistorisches Museeum
Augustinergasse 2
CH-4001 Basel

Literatur

- Bänzinger, Erica
  Kürbiskerne-Kürbiskernöl
  Midena & Fona Verlag, Lenzburg

- Brancucci, Michael und
  Bänziner, Erica
  Das große Buch vom Kürbis
  Midena & Fona Verlag,
  Küttingen 2000

- Buchter-Weisbrodt, Helga
  Kürbis & Zucchini
  Verlag Eugen Ulmer,
  Stuttgart 2001

- Körber-Grohne, Udelgard
  Nutzpflanzen in Deutschland
  Theiss Verlag, Stuttgart 1995

- Lageder, Michael
  Der Kürbis - die allergrößte Beere
  Eigenverlag, Saalfelden am
  Steinernen Meer 1998

- Pfendtner, Ingrid und
  Knochenhauer, Sabine
  Vital und aktiv mit Kürbiskernöl
  Urania Verlag, Berlin 1998

- Pfisterer, Margarete
  Speisekürbisse – Anbau-Sorten-
  Lagerung und Verwendung
  Verlag Eugen Ulmer,
  Stuttgart 2001

- Reiterer, Editha und Reinhold
  Kürbis – von den Früchten,
  den Kernen und ihrem Öl
  Verlag Christian Brandstätter,
  Wien 1994

- Sailer, Slygh-Lichtenecker,
  Sommer, Toifl
  Das Neueste über den Speise-
  kürbis
  Verlag Oskar Buschek, Waidhofen
  an der Thaya 1999

- Seidl, Erika
  Lust auf Kürbis
  Eigenverlag, Gleisdorf 2000

Stichwortverzeichnis

Bildnachweis:

Borstell: 2/3, 69
Brancucci: 90
GBA/Didillon: 17
GBA/GPL: 46, 53, 56r
GBA/Noun: 210, 56l
Studio L'eveque, H. Bischof:
68, 75, 81, 87
Pott: 22, 230, 24, 26, 37, 410, 420,
44u
Reinhard: 4u, 5, 6, 9u, 14, 15, 19,
27, 31, 35u, 43, 47, 49, 510, 54, 59,
66, 71
Reiter: 12or, 12mr, 12ur, 72l, 730l,
730m, 730r, 73u, 74l, 74r, 86, 90,
91
Seidl: 8u, 10, 21u, 290, 42u, 440,
45, 65u, 70
Stein: 80, 11, 120l, 16, 18, 200, 20u,
29u, 30ur, 350, 48l, 48r, 50, 51u,
77
Strauß: 1, 40, 7, 60, 61, 62l, 62r,
630l, 630r, 63u, 650
Streicher: 130, 13u, 23u, 250,
25u, 28, 300l, 30m, 34, 36, 38ul,
380, 38ur, 390, 39m, 39u, 40u,
400, 41u, 52, 55l, 55r, 57, 58, 64,
67, 72r, 76, 78, 79, 80, 82, 83, 84,
85, 88, 89

**Bibliographische Information
Der Deutschen Bibliothek**
Die Deutsche Bibliothek ver-
zeichnetdiese Publikation in der
Deutschen Nationalbibliografie;
detaillierte bibliografische Daten
sind Internet über
http://dnb.ddb.de abrufbar.

Piktogramme:
Computergrafik Jörg Mair

BLV Verlagsgesellschaft mbH
München Wien Zürich
80797 München

© 2003 BLV Verlagsgesellschaft mbH,
München

Umschlagkonzeption:
Studio Schübel, München

Umschlagfotos:
Borstell (Vorderseite oben
und unten)
Strauß (Rückseite)

Layoutkonzept Innenteil:
Studio Schübel, München

Lektorat: Eva Ott
Herstellung: Hermann Maxant

Layout und DTP: Anton Walter und
DTP-Design Walter, Gundelfingen
Reproduktionen:
Repro Ludwig, Zell a. See

Gedruckt auf chlorfrei gebleichtem
Papier

Printed in Germany ·
ISBN 3-405-16601-2

Gesundes aus eigener Ernte

blv garten plus
Siegfried Stein
Gemüse
Gemüseanbau und Mischkultur,
Anbauformen vom Hochbeet bis
zum Square-foot-gardening; alle
wichtigen Gemüsearten – bewähr-
te und neue: Standort, Kultur,
empfehlenswerte Sorten, Ernte,
Verwendung.

Marie-Luise Kreuter
Kräuter und Gewürze
aus dem eigenen Garten
Genuss und Würze frisch aus
dem Garten: Anlage eines Kräuter-
gartens, Gartenpraxis, naturge-
mäßer Pflanzenschutz, Kräuter
im Porträt von A–Z, Ernten, Kon-
servieren, Verwenden.

Martin Stangl
Obst aus dem
eigenen Garten
Basiswissen für Hobbygärtner
zum Obstanbau im eigenen
Garten und zu allen wichtigen
Obstarten – von Sortenauswahl,
Pflanzung und Düngung bis zu
Pflanzenschutz, Ernte und
Lagerung.

Eva und Valentin Fischer
Gesundes aus dem
eigenen Garten
Obst, Gemüse und Kräuter natur-
gemäß anbauen: alles über die
wichtigsten bioaktiven Inhaltsstoffe,
Gesundheitswirkung, Pflanzen-
porträts mit biologischer Anbau-
praxis, Arbeitskalender, schonende
Zubereitung und Lagerung.

Martin Stangl
Mein Hobby – der Garten
Der millionenfach bewährte
Ratgeber – jetzt komplett über-
arbeitet und abgestimmt auf die
geänderten Ansprüche an Gärten
von heute: zuverlässige Information zu allen Gartenbereichen
mit wertvollen Profi-Tipps für
die Praxis.

blv garten plus
Marie-Luise Kreuter
Biologischer Pflanzenschutz
Biologische Balance, Ursachen
für Schädlinge und Krankheiten,
natürlich Vorbeugen; Bio-Pflan-
zenschutz in der Praxis: Grund-
rezepte für Pflanzenbrühen, alte
und neue Gärtnertricks, käufliche Präparate usw.

Im BLV Verlag finden Sie   Garten und Zimmerpflanzen • Natur • Heimtiere • Jagd und Angeln • Pferde
Bücher zu den Themen: und Reiten • Sport und Fitness • Wandern und Alpinismus • Essen und Trinken

Ausführliche Informationen erhalten Sie bei:

BLV Verlagsgesellschaft mbH • Postfach 40 03 20 • 80703 München
Tel. 089/127 05-0 • Fax 089/127 05-543 • http://www.blv.de